生成与发展：中小学生音乐核心素养培养研究

戴娱　唐伟——著

图书在版编目(CIP)数据

生成与发展：中小学生音乐核心素质培养研究 / 戴娱，唐伟著. -- 北京：中国书籍出版社，2021.4

ISBN 978-7-5068-8445-7

Ⅰ. ①生… Ⅱ. ①戴… ②唐… Ⅲ. ①音乐教育－教学研究－中小学 Ⅳ. ①G633.951.2

中国版本图书馆 CIP 数据核字(2021)第 065591 号

生成与发展:中小学生音乐核心素质培养研究

戴娱　唐伟　著

图书策划　武　斌
责任编辑　盛　杰
责任印制　孙马飞　马　芝
封面设计　王　斌
出版发行　中国书籍出版社
地　　址　北京市丰台区三路居路 97 号(邮编:100073)
电　　话　(010)52257143(总编室)　(010)52257140(发行部)
电子邮箱　eo@ chinabp. com. cn
经　　销　全国新华书店
印　　厂　三河市明华印务有限公司
开　　本　710 毫米×1000 毫米　1/16
字　　数　231 千字
印　　张　13
版　　次　2021 年 4 月第 1 版
印　　次　2021 年 10 月第 1 次印刷
书　　号　ISBN 978-7-5068-8445-7
定　　价　68.00 元

前言

随着我国基础教育事业的不断发展，人民群众的整体受教育水平得到了极大提升。进一步提升全民文化艺术素养、优化课程结构，从而培养出品质良好、人格完善的当代青年，成为当下我国中小学教育工作研究的核心目标。要实现这一目标，必须广泛推行艺术教育，提高艺术课程的教学质量。

就我国普通中小学音乐教育而言，全面提升学生的音乐核心素养，是推动音乐教学效果渗透到学生日常生活的重要方法，且落实学生的音乐核心素养还具有促进学生心理发展及人格完善、培养学生良好的情绪管理能力和人际交往能力、促进学生智力发展、协调学生身心健康等多种重要的作用。

随着生成性教学理论的日益完善，这一理论也被广泛应用于音乐教学当中。音乐教学中的“生成”，在于师生依据一定的音乐教学情境和已有的知识、经验不断地对音乐课堂教与学过程中出现的各种突发性事件做出应变、调整与升华，从而产生师生共同创建的、新的、有意义的、充满个性化色彩的音乐教学过程，最终达成音乐生成性教学的实践诉求。

基于此，本书共分为五个章节。其中，第一章对创新生成音乐教学的基本理论进行系统梳理，并阐明了创新生成的概念、创新生成音乐教学的基本理念、创新生成音乐教学的实践诉求；第二章为音乐核心素养的构成要素，在对音乐核心素养的概念进行阐述的基础上，还分别从审美感知、艺术表现、文化理解三个层面入手，对音乐核心素养的培养展开讨论；第三章为中小学生音乐核心素养的形成与发展，重点研究音乐核心素养的形成、发展及影响因素，文化视域下中小学生音乐核心素养的形成与发展，心理学视域下中小学生音乐核心素养的形成与发展这三方面的问题；第四章重点探究了基于创新生成理念的中小学生音乐核心素养培养策略，并分别从生成性教学策略、情境性教学策略、开放性教学策略、互动性教学策略这几个方面入手进行深入分析；第五章为基于创新生成理念的中小学生音乐核心素养评价研究，对评价的原则与方法、评价的内容与形式、评价体系的创新与发展、评价者心理构建及符合学生心理特点的评价机制构建以及基于学科核心素养的音乐教学评价策略这五个问题进行解释与回答。

本书是作者对多年研究与教学实践的经验总结，在撰写本书的过程中，作者得到了多方的鼓励和支持，并得到诸多前辈的指导和帮助，在此表示诚挚的感谢。同时，也真诚地希望本书的出版能够为广大音乐教育工作者提供教学上的新思路，也希望能够帮助高校音乐教育相关专业的学生更好地了解我国中小学音乐教育现状。然而，由于作者个人知识储备和写作水平有限，书中难免有所疏漏，恳请广大读者对本书提出批评意见，作者将积极听取各方的意见与建议，不断对本书进行修改和完善。

目 录

第一章　创新生成音乐教学的基本理论

本章将从创新生成的基本概念、创新生成音乐教学的基本理念、创新生成音乐教学的实践诉求这几方面入手，对创新生成音乐教学的相关概念和理论研究成果进行梳理。

第一节　创新生成的概念

一、"生成性教学"的基本概念

在以往的研究中，学者们已经对生成性教学的相关概念进行了解释。通过对先人们经过研究所取得的成果稍加整理后，我们可以这样来解析生成性教学：在预设有特定空间为前提、由正确的教育观和学生观作为引导的情况下，教师与学生之间、学生与学生之间通过合作和对话的方式，把整个教授课程中可能会出现的多样化的解读、认知方面产生的分歧、教学方式的变化等因各类非预期发生的事件所产生的形形色色的问题一一转化为珍贵的课程资源。与此同时，作为教师和学生会通过在设定的教学环境当中所积累的经验和知识来对教导和学习进行相应的调整，进而引导教师和学生同心建造一个全新的，以及从起初的平衡状态过渡到不平衡状态，然后再从不平衡状态过渡到平衡状态的充满了独特色彩的教学历程。生成性教学对于教学的过程尤为重视，很好地彰显出个性化教学当中的所有构成因素，学生对于个人生命成长所产生的渴求，属于一种表现为动态、开放和多元化的教学方式，同时还体现出它的复杂性、动态性、情境性和不确定性。

二、生成性教学的理论依据

（一）生成学习理论

生成学习理论最早由美国心理学家威特罗克提出，这一学习理论在20世纪70年代得到了教育学界的广泛关注。在威特罗克看来，学习的过程本质上是学习主体从环境中接受信息，并在接受信息的过程中进行知识的互动，从而主动建构起新的信息系统。在这一过程中，学习者必须主动地参与知识的构建，而非以机械的方式通过灌输的方法把各样知识送进大脑当中。作为学习者要主动地来进行知识的构建，在不断实践的过程中逐渐生发出相应的学习经验以及个人对知识的理解，这也是生成学习的价值所在。

在由威特罗克所提出的生成学习模式当中，该模式当中关键性要素是“生成”，这里面主要内容包含三个方面：第一，生成是学习过程中进行初步认知的历程，生成不但可能是一个进行同化学习的过程，而且也可能是顺应基础的一种学习。第二，生成的基本内容包含构建语义关系和实用关系。第三，生成是为全新信息构建其意义的历程。透过上面所说的可以晓得，针对当代教学来说，生成性学习理论在此过程中发挥出特定的指导作用，这个理论所注重的是全新的知识在很长一段时间当中借助于内容和信息之间的彼此联系来起到一定的作用，同时还要对教师在整个教学过程中所起到的指导作用进行肯定，从而为生成性教学工作的开展构建一个扎实的理论基础。

（二）建构主义理论

建构主义相关理论最早由皮亚杰提出，他认为，在学习过程中，学生的主动性和学习环境、情境的营造会在一定程度上影响学生的学习成果。在皮亚杰看来，知识既非来自主体，也非来自客体，而是在主客体的相互作用过程中逐渐生成的，这一生成过程即为知识的建构过程。该理论最为核心的地方在于“所谓的学生学习，指的是外界全新的信息与起初就有的认知结构之间会发生冲突，透过新知识与旧知识之间所产生的作用，透过平衡——不平衡——平衡的历程来加以认知的过程，最终个人内在的知识结构将会进行重组。对于学生来说，并不是一页白纸，‘学生是教学的中心’意味着知识的获得并不是一个被动去接受的过程，开展教学的整个历程当中，学生的身上具备一定的能动性，指的是学生根据以往汲取知识的相关经验在某个固定的情境里面，通过小组内部的协作、师生之间的密切交流和对话所搭建并生成的。针对学生在整个学习当中扮演着主体的角色，教师应当给予尊重，引导学生通过教学来实现知识的人性化建设与认识，协助学生更深入地理解所学内容内在的性质和规律”。综上所述不难看出，通过使用建构主义理论来坚固学生的主体角色，并要重视学习当中的各样生成。

（三）哲学理论

伴随着哲学的发展，个人在社会当中的生存状况和发展现状逐渐成为学者们所关注的焦点。正是受到该学术思潮的冲击，使得现代哲学的发展方向也有了一定的改变，它所坚守的基本思维和核心精神逐渐从之前的本质主义转变为如今的生成性思维，而生成性思维自身所展现出的特征主要有：重视过程过于重视结果；重视个体之间的差异超过对同一的重视；重视动态事物之间的关系过于静态实物的实体；对于创造的重视过于规律；对于畸态的重视过于正态。若是由哲学的层面来看的话，生成性思维是对过程哲学思想的完整体现，也是生成性教学过程中极为重要的一个理论基础。

（四）后现代主义理论

从与后现代主义相关的基本观念来看，课程实质上是一种有着一定创造性、互动性和生成性的教学活动。在具体的教学活动里面，教学中所涉及的主体和客体之间的关系是互相影响、互相作用的，并要求主客体之间相互适应，进而实现共同的教学目标。从这里来看，教学的过程中需要学生和教师相互理解，并在不断交流的过程中发现问题、解决问题，以此来推动学生学习上的进步。[1] 后现代主义知识观层面看来，“知识并不是针对现实生活所给予的准确表现，也不能作为放在普天之下都能得以认可的普

[1] 赵文超．对小学课堂教学中生成性问题的研究［D］．南京师范大学，2005.

遍性的规律或真理，它只能被当作特定的假设和解释。而人们所向往的那种超越时空而存在的普遍真理是完全找不到的，只能从中找出相对意义上的规律。而所谓的知识，是指通过一个个的个体以个人经验作为根基所构建而成的，在此过程中发挥决定性作用的因素主要包括：文化背景、传统观念、知识水平、社会背景、心理结构、风俗习惯等。”透过以上所说不难看出，不管是后现代的课程观，还是知识观，都比较注重课程教学活动中的“创生”和“不稳定性”，而这些则很好地展现了生成性教学思想。

三、音乐生成性教学的基本理论概述

（一）音乐生成性教学的内涵

音乐学科是一门基础教育学科，这一学科除了具有教育的基本属性外，还体现出无可替代的艺术性特征。音乐是一种听觉的抽象艺术，音乐作品中表达的思想内涵和情感不能靠语言进行表述，而是需要通过听觉进行分辨，并依靠内心进行体验。由此可知，音乐学科的教育具有动态性、创作性、互动性、合作性、时间性、体验性的特征。这便决定了音乐的教学不能采用其他学科的教学方法，而在音乐教学过程中推行生成性教学方法时，还要对音乐这门学科所具有的特殊性加以考虑。作为生成性教学，较为明显的表现是对于音乐主体及内在思想所进行的领悟、聆听节奏和旋律过程中生发出的感受、对于声音和动作所进行的模仿、深入体会音乐内在的情感等。通常而言，前面所提到的领悟、感受、体会之类时常是难以通过语言表达出来的，而这些正是教授音乐中所生成的一种结果。这一类的生成通常源于教师所教导、对于音乐作品的了解程度以及个人音乐生活经验等方面所生发出的认知层面的分歧、对于其多样化的解读和个人兴趣等等。正是在这样的音乐教学中，要求学生不但要有一定的音乐生活经验和音乐情感的相关体验，其实也是他们深入音乐作品的内在世界得以深层次去领悟、感受、体验的重要基础。所以，由此可以看出，处于教授音乐的过程当中的“生成”，需要有着教学关系的师生在一个特定的音乐环境当中积累相关的知识和经验作为前提条件，以便针对音乐教学过程中随时有可能出现的突发情况及时地给予回应，并在进行相应调整的基础上来实现升华，从而在师生共同努力下构建起一个全新的、个性化的、有意义的音乐教学，最终，使得音乐生成性教学过程的各样需求及时得到满足。

（二）音乐生成性教学的过程

透过深入探讨进行音乐生成性教学的内涵，我们不难看出，所谓音乐生成性教学指的是教师和学生在开展音乐知识的教学时在思想深处进行探索和碰撞的过程。在此过程当中，教师一定要引导学生积极地进行思考，并鼓励学生大胆地提出问题，大胆地表达自己的看法。音乐教师合理地设计音乐课堂教学内容，而以正确、积极的方式应对突发事件是成功推动音乐教学发展的关键所在。在我们看来，音乐教学当中的“生成”就像是弹奏一首曲子的时候所加入的变奏，所谓的音乐教学的主题，主要是指音乐教师所教授的与音乐相关的，相对较为客观的文本内容，从主题作为出发点，教师和学生连续不断地进行加花（对话、碰撞和探究），最终得以生成一首悦耳动听的变奏曲。为了更深入地了解音乐教学当中的生成过程，我们针对音乐生成教学的整体流程“变奏曲式图”进行设计，正如表 1-1所示的那样。

表 1-1-1　音乐生成性教学变奏曲式图

主题	教师讲解——客观音乐文本
变奏 1	质疑——生成性事件出现
变奏 2	价值判断——师生共同探讨
变奏 3	生成性的音乐活动——实践
变奏 4	反思教学行为——获得教学经验
结尾	完成教学目标

从表 1-1-1 中所列举的内容来看，音乐生成性教学的过程大致可以分为六个阶段。而作为音乐生成性教学，（主题）主要指的是音乐教师通过对音乐文本的细致的、相对客观的讲解，引发学生深入地去质疑和思考，（变奏 1）使得一系列与生成性音乐教学相关的事件得以完整的呈现出来（变奏 2）然后教师对音乐教学相关“事件”自身的价值进行判定的过程，引导学生主动地去思考、与周围学生共同研究，（变奏 3）进而生成的音乐活动内容并进行落地实践，在该过程里面，（变奏 4）教师要时常反思个人

的教学行为，持续地积累个人在音乐教学方面的经验，同时，学生还可以在教学计划以外积累生成性音乐方面的经验，（结尾）最终师生共同演绎一堂精彩的音乐课。

（三）音乐生成性教学的特征

通过对音乐生成性教学的基本内涵和生成过程的研究，我们可以认为，生成性音乐教学具有以下几个特征：

1. 对话性

音乐教学绝不是单向的灌输活动，事实上，如果一位音乐教师无法跟学生进行完整的音乐互动，那么这位教师一定是不称职的，他也无法带给学生良好的音乐体验，甚至会导致学生产生厌学情绪。音乐教学就像是师生间进行对话，在这一过程中，教师能够了解学生的认知水平，而学生则能够在这一过程中形成自己的理解，构成自我意识。“唯有通过周围的他者，人方可形成自我意识，而在构建自我意识的过程当中，最为核心的部分在于确定与他者意识之间的关系”。透过该层面来说的话，音乐生成性所呈现出的对话性很好地体现出学习音乐过程中对于自我意识的全方位认识。“对话是一个理解的过程，师生与音乐文本之间的对话所产生的音乐意义出自于生活的世界当中，不同的人会有着不同的生活世界，进而产生截然不同的音乐体验和音乐理解，然而学生正是在理解音乐意义持续生成性的过程中来构建属于自我的音乐观。”因此，针对音乐生成性进行教导的过程中，教师和学生通过在音乐当中的对话，同时还有师生之间和生生之间的对话来完成对于自我的认识和音乐的理解。

2. 情境性

在建构主义看来，一次成功的教学应当是在与现实情境类似的情境中进行的，这样才能帮助学生解决在现实生活中遇到的问题。在这种思想观念影响下，教学的内容也应当选择那些较为真实的内容。在这种情形下，教学的过程与现实生活中解决问题的过程是类似的，这便可以引导学生学会解决问题的方法，并在课后主动将所学的方法进行应用。

音乐是一种最具情感表现力的艺术，因此音乐活动的根本目的就在于“传情”，而对情感的体验是一种内心的体验，这需要学生在不断积累审美经验的基础上逐步培养自己的审美能力，并要学会怎样在体验情感的过程中感受愉悦。实际上，唯有学生深入到音乐实践活动当中，他们才可能感到愉悦。因此对于音乐教师而言，应该通过积极的、全方位的创设来进入学生的日常生活当中，让他们甘心乐意地参与，使得他们内在的心灵得以与音乐直面相遇，还要借助于音乐内在所具备的情感激发出学生内在的丰富情感，当像水流一样的音乐与参加活动的学生相融合成为一体的时候，同时，由音乐所释放出来的情感与学生真实体验产生共鸣时，音乐本来就有的审美功能将会顺其自然地发挥出特定的作用。所以，综合来看，生成性音乐教学过程中极为典型的特征正是情境性。只是，需要格外加以留意的是，创设情境的过程仅仅是一种普通的教学手段，最终的目的还是要带领学生的身心参与到音乐课堂的教学中来，使得他们与音乐之间的对话得以实现，从而透过音乐收获极为深刻、难忘的情感体验。

3. 不确定性

不确定性，是生成性音乐教学当中的一种特征，是通过音乐学科当中所展现出的非语义性与非具象性、时间性与动态性、合作性与互动性、即兴性与创造性、体验性与情感性等艺术特征共同发挥决定性作用。在具体的音乐实践当中，教师要引导每位学生进行情感上的体验，而由于每位学生都有着不同的情感偏好和个性特征，这就意味着不是所有学生对同一部作品都持有同样的看法。而教师要面对的，则是十分复杂的教学过程。在生成性教学过程当中，即便是再有经验的教师，也无法完全预测课堂上即将发生的事情，也无法完全预测每位学生的反应。这样的话，在实践多样化音乐课程的时候，任何时候都有可能会生成出乎教师意料的与音乐教学相关的事件，尤其是在教授音乐的课堂上，不确定性的教学事件还是经常会发生的，而在音乐教学活动的生成性资源当中，极有可能扮演重要角色的是不确定性事件，它也许不是很稳定，稍纵即逝。所以，当遇到一些不确定性教学事件时音乐教师务必要及时地针对它的价值进行准确的判断，并要对不确定性的课程资源加以合理使用，好为学生们呈现一堂精彩的音乐课。

4. 开放性

“开放性，是事物存留于世所表现出的一种必要性状态，是事物内在特征的一种表现。在具体的教学实践当中，开放性所展现出来的是宽广的教学胸怀，展现出的是它对环境的全然接纳；也是生存发展的基本需要，如果教学一直处于封闭状态的话，最终将会衰竭和死亡。”❶ 音乐是一门与时间和表现相关的艺术。在艺术多样化的门类当中，它有着极高的创作自由，这些则说明创作音乐的历程并不是长期处于封闭的、孤立的。它应当是一个引导学生在认识音乐和实践音乐之间实现辩证统一的过程，是一个通过教师给予的合理教导之后，学生自身所具备的主体能力得以获取且不断往前发展的过程，该过程呈现出的是动态性、变化性和发展性，有着非常明显的开放性。在音乐教学不断开放的过程中，当使学生学习音乐的空间得以拓展，营造出一个量的对于音乐进行创新的学习氛围。与生成性音乐教学相关的教学目标、教学设计、教学过程和教学评价都对其开放性特征有着鲜明的体现。

四、生成性音乐教学的研究现状

随着生成性教学理念的不断发展，我国一些音乐教育家也开始尝试将这一教学法应用到音乐教学当中。其中，最早将生成性音乐教学研究成果转化为教学实践的是国内较为知名的美学家和艺术教育家滕守尧，正是在这个根基上，得以创建出一个新颖的教育模式，那就是生态式艺术教育。滕守尧在《艺术与创生》中全面、系统地阐述了生态式艺术教育所涉及的理论知识、教学方法以及具体的实操。究其实质而言，生态式艺术教育所呈现出的是生成理念，“生成性的艺术教育所注重的是从事艺术教育的过程中众多因素之间的互为补充、互相扶持的有机生态式的关系”。该生态式关系所看重的是通过对话的方式来展现内在的精神，而两者之间所开展的对话可以当成是一个生成的过程——“极为冰冷的东西和极为灼热的东西所进行的融合，定然会生成一个相对来说较为‘温’的环境。此处所说的‘温’意味着生成一个全新的东西。而春天的特征正好是‘温暖’。所以春天就是一个寓意着‘萌芽’和‘新生’的季节”。同时，滕守尧也认

❶ 罗祖兵．论教学的境遇性［J］．教育理论与实践，2006（5）．

为“艺术教育的主导方法是生成法”。此处所提到的生成法指的是由教师们首次创立的一种有着相对开放的学习氛围，带领学生深层次进行探索和挖掘，教师将会把学生的发现作为参考来进一步发挥。于是，整个教学过程所展现出的是即兴的生成性和创造性。该方法的主要目的是为了第一时间发现并解决由教师和学生都比较感兴趣的问题。

来自浙江的教研员吴锐淼在他所编写的《中小学音乐教学案例专题研究》当中，针对当代国内中小学音乐动态生成性教学落地实践的现状进行了详细论述，并归纳总结了与其相关的各类问题。在他看来，应当围绕学生来开展生成性音乐教学，来使学生的探究欲得到满足，也会使课堂教学的真实性得以呈现。[1]

通过阅读近几年我国中小学教育类期刊、论文及相关著作，我们可以发现，生成性音乐教学已成为人们的热议话题。且现如今，广大教育工作者已经将生成性音乐教学理论应用到幼儿、小学、初中、高中各个阶段，并对初期实践取得的成果进行了总结。由学者范晓君所撰写的《新课程观下的音乐教学方法探究》文章当中，偏重于探究具体音乐教学的方法，在文章当中作者在整个音乐学科范畴中第一次提出“生成——情境教学法”，知识单单限定在理论层面的认识，而针对实践层面却鲜有提及。而在学者任涌梅所撰写的《精彩缘自生成——如何处理音乐教学中形式开放与目标达成之间的关系》一文当中，作者认为“优化课堂教学、切实提高教学效率的关键在于开放形式与达成目标之间关系的合理处理”。一节精彩纷呈的音乐课通常是在充足的互动和开放的教学形式当中生发而出的。从2003年起，一直到2006年为止，生成性音乐教学经过不断的发展，进入一个前所未有的蓬勃发展期，比如由学者胡心洁所撰写的《被淡忘的土拨鼠——音乐课堂生成资源的应对刍议》，而学者郑依波所写的《动态生成性教学让音乐课堂更精彩——〈早上好〉教学案例》；戴建芳所编写的《让音乐课在“生成”中焕发出生命活力》；邢海燕所撰写的《感悟生成性音乐教学的真谛》；周晔所编写的《关注音乐教学中的动态生成》；等等。这些论文有着极为丰富的内容和庞大的数量，所包含的内容主要有与生成性音乐教学相关的案例、策略、资源以及理论和实践，通过所预设的生命高度与

---

[1] 范晓君．新课程观下的音乐教学方法探究［J］．星海音乐学院学报，2003（03）．

生成之间所建立的关系来深入地分析音乐课堂教学当中的音乐动态。

直到2008年，生成性音乐教学有了更为广阔的研究范围、更加细致化的内容，比如由相东所撰写的《如何正确看待音乐课堂教学中的生成性与随意性》。到了2009年，有关生成性音乐教学的论文数量更是达到了前所未有的高度，比如由学者王艳所编写的《音乐课堂中动态生成的有效性》；白洪影所撰写的《“错误”的生成更精彩——浅谈音乐教学中错误资源的有效利用》；由邓辉坚所写的《音乐教学中如何把握生成的“度”》；游驰飞所撰写的《过程哲学视野中的音乐教学观》；等等。

随着生成性教学理论的日趋成熟，该理论已经在音乐鉴赏课程中得到了一定程度的应用。此外，幼儿音乐教育工作者似乎对这一理论的应用更感兴趣。在广泛的实践中，教师们普遍发现，由于不同形式的音乐课程本身具有独特的性质，因此在开展生成性教学的过程中也会存在差异性。这便为生成性教学的研究提出了更为明确的要求，即探讨生成性教学的细化发展及应用。从近几年的期刊论文来看，研究生成性音乐教学的广度和深度虽然正处于一个持续发展的阶段，但是依然有大量的研究只是停留在表面，缺乏更加深入的剖析和见解，还存在大量盲从和跟风现象，这些都是从事音乐教育工作的工作者需要反思的问题。

第二节　创新生成音乐教学的基本理念

平时人们所说的理念主要是指，“观念与观点之间的深度融合。它指挥着各种行动，为整体的行动指明了方向。”由国家制定的《全日制义务教育音乐课程标准》清楚地指出：“以音乐审美为核心的基本理念，应贯穿于音乐教学的全过程。”在这部分的基本理念的支撑下还特意提出了要把个人的兴趣爱好作为个人内在动力，而这些在全体学生中都是适用的；注重发展学生的个性；注重开展音乐的实践活动；鼓励学生多多开展音乐的创作；倡导各个不同学科之间的融合；对于民族音乐进行广泛传播；对于多元文化进行深入理解；进一步完善现有的评价机制等与音乐教学相关的理念。在设定音乐课程的目标时要特别说明“要把音乐课程价值的实现作为设置音乐课程目标的依据”。依靠日常的教学工作和具体的音乐实践活动来让学生慢慢地对音乐产生兴趣，针对学生感受和欣赏音乐的能力、学生对于音乐展现出的表现力和创造力进行培养，进而提高他们的音乐文化素质，进一步丰富他们的内在情感体验，使他们具备高尚的道德情操。同时，透过感受与鉴赏，表现、创造出与音乐文化相关的四个方面和不同时期的学习能力，并设计了具体的规范和要求。在我们看来，这是现如今与音乐教育相关的内容、理念和方法透过音乐教育在全新历史环境中的展现。这些不但是针对教学内容、方法、过程的详细要求，也是对中小学生成性音乐教学实践要求的宏观描述。

我们把与音乐新课程标准相关的指导思想加以融合，把众家的言论汇总起来，参与实践活动的效果，一致觉得构建中小学音乐生成性教育有关实践诉求的理念主要划分为三种类型，第一种是“以人为本”理念；第二种是“事件教学”理念；第三种是“创新发展”理念。它与那些针对通往未来而且具有一定概括性和永恒性的理想是完全不一样的。它是对阶段性期盼的一种体现，有着特别明显的针对性，并且还与现实生活有着紧密的联系，而且是比较具体的。

一、基本理念

（一）“以人为本”理念

马克思认为，人的活动本身是客体活动，人的生命活动本身是自己意志和意识的对象。音乐教育要从人性发展开始，音乐教育活动的开展直接关系到一个人的精神发展。从这一层面来看，开展音乐教育的终极目标是为了实现人的发展。教育家苏霍姆林斯基曾认为，“所谓的音乐教育，并非是针对音乐家所进行的教育，而是一种以人为本所开展的教育”，“实际上，音乐教育是一个对于人进行塑造的工程。它可以带动人格的力量经历唤醒、连接和整合”。为了使“育人”的目标得以达成，我们觉得以人为本的理念应当在音乐教学过程中的各个环节都有所体现。所以，构想生成性音乐教学实践的核心理念是人性观。

过往较为传统的中小学音乐教学尤为重视学生掌握“双基”的情况，

却忽略了对于人文素养的培养，比如在国家制定的《音乐教学大纲》的第一条重点阐述了针对与音乐基础知识和基本技能相关的各个方面的具体要求，在随后颁布的《音乐课程标准》则是在之前所阐述内容的基础上提出要加强人文素质的培养，特别是提出要带领学生多多参加人文主题的各类音乐学习活动，通过相对轻松、快乐的方式来深入地学习和感受音乐，使得学生们的团队协作能力和集体意识得到整体的提升，对于学生内在的音乐潜能要深入去挖掘并要大力培养学生自身的想象力。然而，要想使生成性音乐教学得以顺利实现，就要学习前面所说那般和谐的人本主义教育理念。

以人为本，就要尊重学生的心理成长特点。事实上，音乐教育是一种激发学生个性的教育，因此在中小学音乐课堂中，要推行生成性教学，必须以掌握学生心理特征为前提，并在此基础上鼓励学生的个性化发展。在音乐课堂中，教师要努力营造良好的音乐心理氛围，以此对学生进行精神层面的陶冶，并促进学生的心理发展和人格的不断完善。当学生在进行歌曲的演唱或乐曲的演奏时，由于生活经历和心理体验的不同就会带来不一样的“二度创作”，这里面所表现的正是学生的个性心理，作为一名授课的音乐教师，不要盲目地要求学生完全按照“标准答案”来进行演唱和演奏，而是要对学生展现出的个性给予尊重，对于学生的个体创造力加以欣赏和引导，极富创造力的音乐教师往往在挖掘学生的音乐创造潜能上发挥着极为重要的作用，切实地体验人文关怀和道德情感。人性之所以可以得到不断提升，主要还是凭借着个人的人文关怀和道德方面的情感体验，人内心的情绪和感受可以直接通过音乐来表现，所以音乐教育也是一种情感教育，中小学校的学生们在参与生成性音乐教学的过程中，教师应当积极地带领学生透过欣赏音乐作品来深入体会不同的情感，之后通过情感参悟出里面所蕴含的哲理。音乐正是透过作品来实现逐步渗透的，在构建个人的道德观、人生观、价值观和世界观方面发挥着极为重要的、不可或缺的作用。总而言之，所谓“以人为本”的理念所看重的依然是“人”的发展，特别是学生的个人发展，而在构建中小学音乐生成性教学的实践需求当中，发挥着重要指导作用的正是“以人为本”的教学理念。

（二）“创新发展”理念

来自苏联的著名教育家沙塔洛夫曾经就“创新发展”说出了个人的看法：“教师自身的创造性是学生得以产生创造性的源头，学生思维能力的强弱与教师创造性教学水平息息相关，互为反馈，相得益彰。”然而从我们的视角来看，要想通过培养来使学生具备较强的思维能力和创新能力，那么作为教师就一定要以敢于思考和创造来作为向导，而开展音乐教育就更需要这样了，要想更加全面地培养学生的创新意识，就需要先来创新学生学习音乐的方式。而以往传统的通过教师在前面教学生在后面学、教师一直在讲课学生一直听课的师徒教导方式已经无法适应当前的教学理念。音乐教学要想实现创新发展就要求教师一定要敢于挣脱来自传统的条条框框，就需要把整个授课过程当作是由处于穿梭和涌流状态的一系列事件构建而成，引导学生积极地去思考、去发问，同时也要允许学生质疑教师所教的知识并鼓励他们勇敢地去探索，还要充分尊重学生在聆听音乐的过程中所产生的与众不同的体验和思考，尊重学生特有的人格和民主意识，尽可能地去维护学生的自信心和自尊心，只有这么做才能使生成性音乐课堂教学当中的实践理想方面的需求得到最大限度的满足。要想使理论和实践更好地结合，在我们看来，很需要借助于“创新发展”理念来获取，而开展音乐课堂教学需要遵行的原则主要包括以下两个方面：一方面是愉悦原则。音乐教学实践的过程所呈现出的愉悦性是通过一定的审美教育所生发出的情感体验和优化效应的内在心理机制。当学生感觉身心愉悦时，就会对构建优势兴奋中心大有助益，从而由起初的“苦学”转化为“乐学”。所以，充满科学性和趣味性的音乐教学法不但可以使学生的学习充满快乐，还可以最大限度上激发出他们在音乐方面的想象力和创造力，从而使他们在学习音乐的过程中有持续的动力作为支撑。另一方面是民主原则。在整个音乐教学当中，教师要做到对于所有的学生一视同仁，弱智儿童和残疾儿童也应当包含在内。针对学生在音乐方面的个性差异要有一定的认识并要加以维护，使得学生在学习音乐的过程中有着更为广阔的自由空间。要保护学生的自尊心和自信心，科学评价，正确引导学生的思想，并以恰当的方式回答学生的提问，进而推动以学生为本、以学习为导向的音乐教育。生成性音乐教学中的创新发展理念就是要努力实现陶行知先生所说的："处处是创造之地，天天是创造之时，人人是创造之人。"

二、基本原则

（一）"预设"与"生成"相结合的原则

所谓的"预设"，指的是预先来完成对某事物的设计或设定，若说它在教学方面表现的话，指的是教师在教学活动正式开始前预先设计好了教学的目标、过程、方法和内容等。作为教育活动范畴中的课堂教学，还是有着一定的目的和意识的，所有的事情预先有设计的话就会很快建立起来，若没有预先的设计，就会被废弃，因此教师在授课之前应当对整个教学流程有一个清晰且合理的规划。

"生成"一词在《辞海》中被解释为"变易"，就是发展和变化的意思。所展现的是某个事物从最开始的发生再到变化，最终一步步走向灭亡的哲学范畴，在逻辑发展历程中是首次出现，主要是通过矛和盾两个层面经过融合统一后所形成的一个具体的概念。"生成的过程表现在课前，而其主要的呈现方式是教师的'留白'意识，为整个教学活动拓展出具备一定弹性的空间；而生成过程在课堂上呈现，主要是指由师生共同参与的教学活动已经远远超越起初的教学设计；生成在结果上呈现的主要是在教师带领下，教师和学生在互动的过程中，学生的知识和能力的发展并不在预期范围以内。"

从哲学角度来看，预设与生成是辩证统一的关系，二者在教学过程中都是不可缺少的。如果教师仅仅重视预设，而忽视了生成，那么他的学生在学习过程中会受到许多限制和束缚，因而无法发挥其学习自主性，盲目依赖老师。这种学习方式在音乐的学习中是很难收获良好成果的。而从另一个角度来看，如果教师仅仅重视生成，而忽视了预设，那么音乐课程可能会发展到老师无法控制的地步，甚至生成错误理解。这样的课程不仅是无目的性的，也是混乱不堪的，不仅无法带给学生良好的引导，甚至会将学生引入歧途。

因此，我们认为，预设与生成是音乐课堂教学的两翼，预设是教学当中计划性的一种体现，而生成是教学动态性的体现方式，这两者彼此互补、相得益彰。在落地践行生成性音乐教学的过程中，针对预设和生成之间关系的正确处理发挥着重要的作用。若是想让生成性音乐教学的理想实践需求得到满足，就一定要把“预设”和“生成”进行融合，好使音乐课堂教学完成由无序到有序的华丽蜕变。

（二）教师发展与学生发展相结合原则

整个教学活动，要想收获一定的成果，就一定要促使教师教授的过程与学生学习的过程实现统一。这样的统一究其实质是一种沟通和互动。鉴于此，新课程改革特别指出，整个音乐教学的过程是一个教师与学生彼此沟通、共同成长的过程。同理，针对音乐教学实践的整个过程，我们可以被看作是教学当中参与其中的两个主体——教师和学生一起往前发展的过程。因此，教师的发展是整个教学工作的意义所在，而学生的发展在整个教学工作中处于核心的位置。这两者之间是互帮互助、缺一不可的关系。

生成性音乐教学的过程中对于师生参与的讨论尤为重视。正是借助于持续不断地讨论和碰撞，得以生发出更多新知识和新思想。因此，在生成性音乐教学过程中，师生的发展有着明显的逻辑性。

我们认为，在生成性的音乐课堂教学中，教师和学生要想实现共同发展，就一定要做到以下这两个方面：一方面是教师个人的成长发展。比如针对以往教授音乐的思维方式进行更新、针对音乐教学的实践进行调整、对于原有的音乐教学机制进行提升、以科学的方式来对音乐教学的过程进行评价、对于师生之间的关系重新进行构建、反思以往音乐教学方法并进行创新、针对音乐教学的环境进行改善等。学生要想更好地发展，一定离不开教师的发展，若是教师一直没什么发展的话，学生也就难以有所发展。另一方面是学生以自主的方式进行发展。要对学生的全面发展给予重视，而不是仅仅限定在掌握音乐相关的知识和技能，还要尝试去拓展其他方面的能力，比如说可针对个人在音乐创造力、想象思维力、音乐审美能力，以及直觉、想象力等方面的发展，并要在音乐课堂教学过程中有意识地培养这些方面的能力。

总之，中小学音乐生成性教学应遵循师生共同发展的原则，使不同层次的师生得到全面、和谐的发展。师生共同发展是生成性音乐教学价值的真正体现。

（三）创造性与可操作性相结合的原则

一方面来说，在落地实践中小学音乐生成性教学的过程中应当始终遵行创造性原则。“音乐是一种语义类之外的信息，它自身有着一定的自由性、模糊性和不确定性特征，也就为人们深入的表现和理解音乐提供更为广阔的可展开想象和联想的空间。开展音乐艺术过程中的创作——表演——欣赏等表现出的是极为明显的创作意识且有着独特创造的行为，所以，音乐在创造性艺术当中是最强的一种。”音乐教育过程中所产生的价值已引来国内外众多学者、专家的关注，中小学在音乐教学实践阶段所遵循的依然是创造性教学原则，不仅可以充分发挥音乐教育在审美育人方面的功能，同时还对学生在培养创新精神和音乐教学创作等方面很有帮助，比如音乐教育当中的即兴创作、音乐模仿等。

中小学是开展创新教育最好的时期，意味着素质教育正式进入一个全新阶段的是创新教学，也会使素质教育的内在思想得以升华。所以，当中小学遵行创造性教学原则来开展生成性音乐教学的时候，不应当单单定睛于音乐课堂的范围内，而要尝试把生成性原则渗透到学校的音乐教学、音乐课堂管理和音乐评价的整个流程当中。中小学音乐教育的主要目的是培养学生的创新意识、创造性思维品质和习惯，是一个循序渐进的实施过程。

另一方面，中小学音乐生成性教学应遵循可操作性原则。在生成性音乐教学过程中，我们可以发现，大量音乐教师由于对课堂生成概念的误解，盲目设计了许多不可操作的教学环节。结果就是出现混乱或者失控的教学场景，学生陷入一片迷茫。一节课过去了，学生收获甚微。因此，我们认为不能只注重创意而忽视可操作性原则。生成性教学当中发挥着重要作用的是课堂设计。当教授音乐的教师在针对教学流程进行设计的时候，所使用的方法不但要简单、清晰，而且还要便于操作和推广。依照音乐教学自身的特点，根据学生在各个年龄段的心理特点来做出有一定针对性的教学方案。把它自身所具备的普遍性和特殊性融合在一起，好使学生在一个相对轻松愉快的环境当中更好地享受音乐，与此同时还会不由自主地针对音乐相关的知识进行学习，大大激发学生学习音乐的热情和创新精神。

综上所述，创造性原则和可操作性原则是紧密联系的两个方面，二者也是有机统一的关系。中小学生成性音乐课堂教学实践需求的构建应实现发展性、创造性和可操作性的统一，从而真正实现理论研究者的改革构想。

第三节　创新生成音乐教学的实践诉求

一、实践诉求的设计

在实践诉求的设计过程中，首先要参考国内外生成性教学研究成果，总结其成功经验。在遵循生成性教学建设理念和建设原则的基础上，还必须聚焦教学实践，力图为中小学音乐生成性教学的落实做好准备。

表 1-3-1　创新生成音乐教学的实践诉求

<table>
<tr><td rowspan="3">衡量尺度</td><td>理念上</td><td>“以人为本”的理念
“事件教学”的理念
“创新发展”的理念</td></tr>
<tr><td>原则上</td><td>“预设”与“生成”相结合的原则
教师发展与学生发展相结合的原则
创造性与可操作性相结合的原则</td></tr>
<tr><td>感受与鉴赏</td><td>激发学生听赏兴趣；培养良好听赏习惯；采用多种教学形式；引导学生积极参与；鼓励发表独立见解</td></tr>
<tr><td rowspan="3">参照标准</td><td>表现</td><td>培养学生的表演自信心；引导学生通过表演活动来正确认识自我、评价自我；鼓励学生抒发情感、表达自己的看法</td></tr>
<tr><td>创造</td><td>发掘学生即兴创造潜能；训练学生运用音乐材料创作音乐；引导学生正确理解音乐创作</td></tr>
<tr><td>音乐与相关的文化</td><td>通过具体的音乐作品和音乐实践活动，拓展学生的音乐文化视野，提高学生的艺术审美能力</td></tr>
</table>

关于“实践诉求”的几点说明：

（1）表 1-3-1 中所描述的是与中小学音乐生成性课堂教学相关的“实践诉求”以及有着一定可行性的衡量尺度和参照标准。通过调查可以得知，大多数中小学校当中与音乐课堂教学相关的教学理念、行为和效果要么是非常接近“实践诉求”的相关要求，要么是已经达到“实践诉求”的要求，针对现实生活来说，实践诉求的达成并非可望而不可即。

（2）由于生成性中小学音乐课堂教学事件有着一定的不确定性、复杂性和情境性，就意味着要想通过一堂音乐课来实现所有的实践诉求几乎是不可能的，所以，“实践诉求”的实践效果绝对不可以单单通过一堂音乐课作为单位来进行观察。

（3）连续性和发展性是“实践诉求”独有的特征。表 1-3-1 中的“实践诉求”是以中小学音乐新课程改变的现实需求作为基础构建起来的，并不是一个恒久不变的系统，而表中“参照标准”部分所提出的要求主要是以《全日制义务教育音乐课程标准（实验稿）》当中的标准部分作为参考来完成制定的，而且实践诉求还会参考国家所出台的相关政策进行适当调整或伴随着新课程改革的持续深入来对相关的内容进行修订和完善。

二、对实践诉求的解读

（一）关于“实践诉求”

从表 1-3-1 中可以看出，中小学生成性音乐教学的理想状态为，教师拥有正确的教学观，在教师的引导下，学生也能够形成正确的学习观。在这种条件下，教师与学生之间形成良性的互动活动，且这一活动会在一个相对宽松，但又并非毫无边际的氛围中有序进行。在这一教学过程中，教师应能够始终把握住教学活动发展的整体方向，并要竭力使音乐课堂教学当中可能会发生的各种非预期事件，比如认识冲突、多元化解读、兴趣需求、处于变化中的教学状况、互相的质疑和讨论等各类问题转化为极为宝贵的课程资源。这个时候，教师和学生还要根据当时的音乐教学情境和个人所积累的知识和经验来调整教学，之后通过师生合作的方式共同建立一个由平衡——不平衡——平衡过程的、与音乐教学相关的、充满个性化的新思路和新做法。而与“实践诉求”相关联的内容将会在第四章中的“生成性教学策略”部分加以详细叙述。与此同时，我们可尝试把一节有着特定理想性的音乐教学实践当作是演奏乐曲过程中的变奏，而乐曲的主题通常是音乐教师所教授的内容和那些较为客观的音乐文本内容，把主题作为出发点，通过教师和学生不间断的加花（对话、研究和碰撞），最终上演一首精彩纷呈的变奏曲。

（二）关于“衡量尺度”

“实践诉求”当中的衡量尺度需要通过中小学音乐生成性教学的构建理念和构建原则这两个方面进行叙述。在音乐新课程改革的大环境当中，从理念层面来说，我们所以为的生成性音乐教学，首先是要持守“以人为本”的理念。音乐教育的本质是塑造人完善人，因此作为音乐教师，应当将促进人的发展看作自己工作的最低起点和最高理念。其次，在生成性教学当中，音乐课堂环境就像一个培养皿，教学过程中包含了一系列的音乐事件。音乐教师只有正确认识和理解不同事件诞生的意义和作用，才能游刃有余地将事件转化为教学因素。再次，“创新发展”理念着重提出的是音乐教学当中科学的创新思维和行为所发挥的重要作用，当教师已经有了一定的创新意识就必定会从学生身上发现创新方面的潜能，唯有如此，才能在开展生成性音乐课堂教学的时候得以不间断地挖掘出“新情况、新问题、新思维和新行动”的处于理想条件下的课堂教学。

针对原则构建而言，重点在于遵行“预设”与“生成”相互融合的原则并在中小学音乐教师教学现状作为基础的条件下得以正式提出，透过观摩音乐课堂教学可以看出，大部分音乐教师仍然比较片面地来看待“预设”和“生成”，致使课堂教学变得越来越僵化，甚至难以进行把控。所以，在开展生成性音乐教学过程中正确认识预设与生成之间的关系就变得格外关键。

其次，从中小学音乐生成性教学的需要出发，有针对性地提出了教师发展与学生发展相结合的原则，要想使动态生成的理想状态下的音乐教学得以实现，师生一起来发展将会是必不可少的重要部分，教师所教授的课程会在一定程度上影响学生，而学生对于学习的信心反馈给教师时又一定会影响教师的授课，所以在整个生成性音乐课堂教学过程中，不论是教师与学生，还是教与学，都是缺一不可的必要性因素。

最后，在创造性与可操作性互相融合后所形成的原则当中，借助于实地的调研不难发现，自从全新的音乐课程改革实施之后，越来越多的音乐教师在授课当中过多地强调和遵行创造性原则，忽略了对于可操作性原则的运用，导致整个教学工作处于混乱状态。所以，在我们看来，音乐教师在教学工作中既要努力地进行创新，同时更需要针对它的可行性加以考虑。唯有通过科学、合理的方式来对音乐教学进行设计，才能使生成性音乐教学理想与现实的需求尽快得以满足。

（三）关于“参照标准”

这个部分的设定主要是参考《全日制义务教育音乐课程标准（实验稿）》的前提下完成的，主要通过四个方面来深入掌握。

首先，音乐学习过程的重要组成部分是感受和鉴赏，同时也是往后开展各种音乐学习活动的基础所在。比如针对目前就读于中小学的学生来说，就会要求他们可以敏锐地感知音乐当中的力度、速度、节奏、旋律、音色、和声等表现要素，并要在了解的基础上针对它们各自在音乐中所发挥的作用进行评价。在开展这部分的教学工作时，教师要更多地引导学生并挖掘他们对于各种音响的兴趣和愿望以及在学习音乐过程中独特的情感体验，这是学生音乐审美能力得以提升的有效方式。

其次，音乐表演的教学本身就具有极强的操作性，在这一过程中，学生的表演自信和表演技能都得到了提升，并能够在相当程度上培养学生的艺术审美能力，挖掘学生的音乐创作潜力。

再次，创作是音乐学习的一个重要领域，在这个领域里，学生的想象力和思维潜力可以得到充分发挥。它也可作为学生创作音乐经验得以积累，针对创造性思维所起作用进行探索的历程和方式。在该教学范畴当中，重点是教师要以正确的方式引导学生，还要尝试运用一些创造性教学思维和行动来影响学生。

最后一块就是音乐及相应的文化，该部分主要是指日常生活中的音乐，可以完整地彰显音乐课所具备的人文学科的特征，是学习和培养学生文化素养的重要部分。在该部分当中，教学工作所产生的效果更多地隐藏在音乐表现、音乐鉴赏和创新活动里面，而教师应该积极引导学生借助于音乐作品来达成起初所设定的教学目标。比如音乐和电影之间的关系层面，针对就读于中小学的学生们来说，前期可以尝试看一些个人较为熟悉的影视片，来加深对于音乐背景或主题音乐的认识，可尝试引导学生在类型不同的影视片中穿插较为贴切的主题音乐和背景音乐。再比如，对于音乐课和美术课而言，教师可尝试使用一些艺术作品来带领学生对于听觉艺术和视觉艺术分别在材料和特点上所表现出的不同之处进行比较。类似的方法还有很多，不论最终选取哪种方法，使得该领域音乐教学得以实现的关键在于提高教师的教学智慧以及专业方面的知识和技能。

第二章　音乐核心素养的构成要素

本章将对音乐核心素养的构成要素展开探讨，在对音乐核心素养的概念进行系统论述的同时，也对审美感知、艺术表现、文化理解这三种要素进行了详细的探讨。

第一节　音乐核心素养的概念

一、核心素养和音乐核心素养的内涵界定

《中国学生发展核心素养》的研究成果对学生核心素养的发展要求进行了总结，并认为，发展学生核心素养的主要目的是“使学生具备能够适应终身发展和社会发展需要的必备品格和关键能力”。为此，推动我国学生核心素养的发展，应当以“全面发展的人”为基本宗旨，并从文化基础、自主发展、社会参与三个方面入手，引导学生不断对自己的综合能力进行提升。在学习的过程中，学生的能力提升主要可通过人文底蕴、科学精神、学会学习、健康生活、责任担当、实践创新这六个方面体现出来，因此这六个方面也可被看作是学生应当具备的六大核心素养。而在这六大核心素养的基础上，又可进一步细化为18个基本要点。音乐教育最能够提升学生的审美情趣，因此我们有必要对审美情趣进行定义，即具有艺术知识、技能与方法的积累；能理解和尊重文化艺术的多样性，具有发现、感知、欣赏、评价美的意识和基本能力；具有健康的审美价值取向；具有艺术表达和创意表现的兴趣和意识，能在生活中拓展和升华美；等等。

二、音乐课堂培养核心素养面临的挑战

音乐是一种听觉艺术，它需要通过人耳来进行接收和分辨，是一种人类独有的音响语言。正是音乐具有非语义性特征，才使得人们对音乐的理解和解读更为丰富和多样。音乐与美术、雕塑等艺术也具有相当大的差别，这些视觉艺术通过人的视觉感知系统来对人的精神状态和思想情感产生影响，因此它们比音乐更加具象，也更容易被完整地观察和分析。相比较而言，音乐对人的影响是通过音高、音色、节奏、音质等因素来展开的，只有当人的听觉系统反应灵敏，并能够清晰地对各个因素进行分辨，人的大脑才能够收到完整、正确的音乐信息，并对音乐作品的质量、价值做出判断。在音乐艺术的审美鉴赏活动中，想象力的运用十分重要，这主要是由音乐艺术本身的语义模糊性特点决定的。

在《义务教育音乐课程标准（2011 版）》（以下简称《标准》）中首次提出了“音乐印象不具有语义的确定性和事物形态的具象性”的音乐本质属性，因此，音乐所具备的这种不形象使学生很难理解。在教学实践中，我们往往会看到很多学生喜欢音乐，但是不喜欢音乐课。如果是这样，那么在音乐课程中落实学生核心素养发展就无从谈起。

三、音乐课堂发展核心素养的教学实施策略

通过音乐课堂教学促进学生核心素质的发展，必须尊重音乐基础教育的感性优先于理性的客观事实。我们应该把情感、形象、体验作为艺术教育的基础。我们要打破传统的“听课”模式，即学生坐在后面听音乐、看老师的表演、看屏幕画面的教学模式。在核心素养教学理念的引导下，学生必须亲身参与到课堂互动当中，并通过自己的实践活动来获取音乐体验。而作为音乐教师，则应当为学生营造沉浸式的音乐课堂氛围，最大限度地开发音乐中各个元素对学生的积极影响。

经过多年的教学经验，笔者归纳总结出在小学音乐的日常教学中，教师一定要及时地更新自己的教育理念，为学生创设和谐、融洽、愉悦的音乐课堂情境，让学生能够在快乐、轻松的环境中感受音乐之美，发挥自己

最大的潜能，并不断提升自己的音乐核心素养。

（一）巧妙创设音乐教学情境，帮助学生入境生情

音乐与一般的声音是有着本质区别的，音乐一定是由许多音响元素有组织地结合在一起形成的，它包括音调、节奏、节拍、音色、旋律、响度、混响以及轮廓和空间位置等。每一种音响元素都有各自的特点，也都承担着不同的作用。音乐艺术的魅力正是通过这些元素融合在一起而表现出来的。学生核心素养的培养离不开良好的生活学习环境，更离不开学生与社会的广泛接触。音乐核心素养的培养既是音乐知识的学习过程，也是艺术审美能力的培养过程，更是情感体验、表达与控制能力的提升过程。因此音乐教学必须建立在真实、生动的现实情境基础上。在音乐课堂中，学生通过聆听音乐、参与音乐实践，从而获得音乐体验，并在此基础上总结出自己的审美偏好，获得更多的情感体验经历。所以说，真实的教学情境和真实的音乐体验是推进音乐素质教育的必备条件。

在课堂教学中，教师不应拘泥于传统的教学形式，也不应太过在意一堂课的效果。教师必须从学生的生活体验和音乐体验出发，选择符合学生身心特点的方法和策略，灵活地、具有创造性地进行音乐教学，充分调动每个学生的音乐思维，使他们发挥学习的主动性，并营造一个开放包容的课堂环境。在这样的环境当中，学生能够更加深刻地理解音乐的意义，并能够在音乐环境中获得灵感，进而感悟到音乐对自己成长的巨大帮助。

（二）积极开展角色扮演活动，帮助学生实践悟情

社会性是人的本质属性。《中国学生发展核心素养》研究中的“社会参与”重在强调能处理好自我与社会的关系，其中“实践创新”这个基本要素阐释为：主要是学生在日常活动、问题解决、适应挑战等方面所形成的实践能力、创新意识和行为表现，具体包括劳动意识、问题解决、技术应用等基本要点。音乐素养是音乐知识、能力、意识及情感等内容的综合反映。核心素养本质上是解决复杂问题的能力。

在具体的教学实践当中，教师必须想方设法对学生进行引导，让学生产生正确的音乐联想，并获得音乐体验。这种突出实践性、自主性的学习模式，对促进学生音乐探索、知识获取和音乐审美欣赏起到了很好的作

用。音乐素养是通过直接体验和积极参与音乐学习过程而获得的。因此，加强音乐课程的实践性是培养学生音乐核心素养的关键。

回顾走过的教学历程，我们认识到，以培育学生核心素养为导向，以能力发展为基础来构建小学音乐课堂，不仅能让孩子们入情入景地寻觅最佳的情绪状态，体验到音乐的美妙和享受音乐赋予的乐趣，而且能够切实激发孩子们浓浓的学习欲望，使学生核心素养的发展在音乐课堂的教学中落实生根。

第二节 审美感知

基础音乐教育与精英音乐教育不同。在基础音乐教育中，教师的教学目的一定是全面提升学生的音乐鉴赏能力，并在此基础上，让每位学生的个人素质、道德修养都在原有基础上得到一定的提升。所以，基础音乐教育是陶冶情操的教育，是立德树人的教育，是启迪智慧的教育，是调节身心状态、缓解精神疲劳的教育。当学生学会聆听音乐，并能够运用音乐来对自己的身心状态进行调节后，他们就基本具备了独立面对日后生活、学习和工作压力的能力。

一、音乐审美能力的内涵和功能

音乐的美感属于艺术美感，以其独特的审美魅力赢得了全世界人民的喜爱。正因音乐具有其他一切事物无法替代的美，才使得每个国家、每个民族都拥有属于自己的音乐文化。同时，音乐也能够通过巨大的精神力量作用于人们的心灵，显示出其独特的社会价值。像所有的艺术美一样，音乐美只有真正进入每个人的精神世界后，才能实现其美的价值。从某种意义上说，音乐的存在价值取决于人们对音乐美的认知，这意味着人们的音乐审美能力不仅考验和决定着音乐艺术的存在价值和生存状态，而且是获得审美享受和精神升华的必要前提。支撑这一庞大思想网络运作的核心力量，是由人们的音乐审美能力所决定的。

（一）音乐审美能力的内涵

美育是以培养学生审美体验为核心的教育，因此美育的过程始终伴随着美的因素。艺术教育是美育最直接的形式，也是美育最有效的形式，正因如此，艺术教育在人类社会发展的过程中始终占有重要地位。

人天生就具有对艺术的审美鉴赏能力，对于音乐艺术而言，只要一个人的听觉系统和大脑是健全的，就一定有音乐审美能力，只是存在高低的区别。音乐艺术实践活动是一个系统而复杂的过程，既要运用思维能力，又需要心理活动的参与，因而一部音乐作品中可以容纳许多内容，并含有深刻的哲理。从音乐审美心理活动过程来看，音乐审美能力主要包括：

1. 音乐感觉、知觉能力

当人对客观存在的事物进行认识和辨别时，需要通过两个层面的努力，一是感觉层面；二是知觉层面。就感觉和知觉而言，我们常将二者统称为感知。在音乐学习的过程中，每个学生在接触到音乐作品的一瞬间就会产生一定的感觉和知觉，事实上，音乐作品带给每个学生的影响是相同的，并非每个学生都会有相同的感知。但从深层意义来看，音乐感知能力可分为两个部分，即对音乐的感觉能力和知觉能力。其中，对音乐的感觉能力具体包括对音高、音强、音长、音色等音乐要素的感觉能力；而对音乐的知觉能力包括了速度感、力度感、和声感、节奏感、旋律感等方面。但我们必须明确的是，在音乐鉴赏活动当中，鉴赏主体对音乐的感觉和知觉始终是相互融合的，正是二者的融合，才构成了综合性的音乐听觉系统。

2. 音乐鉴赏能力

在音乐审美能力当中，最为主要的就是音乐鉴赏能力。通常我们所说的音乐鉴赏活动，主要是指欣赏一部音乐作品。但事实上，从广义层面来看，音乐鉴赏还包括了对音乐的鉴别和音乐审美活动的全过程。对音乐的感觉和知觉能力通常表现为以一定的技术能力为支撑，而对音乐的审美能力则更注重对作品内容的理解。

音乐鉴赏能力需要以特定的审美价值观念为依托。尤其在多元文化共存的当今社会，不同文化观下对音乐作品的理解也存在着差异。因此在面对良莠不齐的文化环境时，如何辨别音乐作品的价值，就显得格外重要。

对于人生观、价值观尚未健全的青少年学生而言，如果得不到教师的引导，他们有可能会在音乐审美的道路上误入歧途，这对于这些青年学生的成长而言是十分不利的。

3. 音乐联想能力

音乐鉴赏活动是听觉活动，音乐作品是无形的，因此人们只能通过联想来构建脑海中的艺术形象。所谓音乐联想能力，即指在聆听音乐的过程中，充分调动自己的联想能力，将音乐带给人的感受与自己的日常生活情感相联系。音乐联想能力是打开音乐艺术宝库的金钥匙，通过联想活动，人耳接受的抽象的音乐信息便可变得更为形象，如在唢呐作品《百鸟朝凤》中，婉转悠扬的旋律仿佛是山林间百鸟的鸣叫声，而在管弦乐组曲《动物狂欢节》中，不同的旋律又塑造出不同的动物形象。音乐联想能力是人与生俱来的能力，且这种能力在青少年群体中表现得最为明显。音乐联想能力是进行音乐鉴赏的前提，是人所拥有的最初级的音乐审美心理活动。

4. 音乐表现、创造能力

音乐艺术是一种实践性极强的艺术，对于音乐教学而言，只有当学生全身心地投入到音乐实践中，才能对音乐作品产生有深度的理解。因此，音乐表现和音乐创造是音乐审美能力必不可少的组成部分。

音乐艺术的展现必须依靠表演活动，如果不通过表演活动，那么我们只能看到记载在乐谱上的音符，无法体会到音乐本身的生命力。一位表演者在音乐表演过程中，不仅自己能够获得良好的音乐体验，还能够对听众产生影响，使听众获得一定的审美体验。音乐表现本身就有多层次性和无止境性，且音乐表现的范围十分宽广，小到人民群众的自娱自乐，大到艺术家的专业性音乐会，都能够体现音乐表现的价值。但是在我们的音乐审美教育中，音乐表现能力应该是在掌握基本歌唱和简单演奏技能的基础上，能够准确而有表情地表演，能够正确地表达音乐作品的基本情感和内容。

音乐创作能力是音乐审美活动进入更高层次时主观能动性的体现，同时也是创作者心理活动转化为具体音乐作品的过程。事实上，音乐的创作并非仅仅体现在作曲上，在音乐表演中，演员对作品的演绎也可被视为“二度创作”。事实上，音乐表演的最精彩之处并非是演奏技巧多么高超，而是向听众展现自己对作品的独特理解。在基础音乐教育中，要注重培养学生的创新能力，要充分发挥他们的聪明才智和创作精神，探索音乐剧、即兴创作，掌握一些简单的基本创作方法。

当一个人掌握较强的音乐技能，并掌握丰富的音乐知识后，便可进行音乐创作活动。因此在许多人看来，音乐创造能力是一种极具音乐天赋者才拥有的能力。音乐创作能力的确是一种高级阶段的音乐表达能力，但这种能力本身也是藏在每个人内心深处的，只有具有丰富的音乐体验经验，并接受过专业的音乐训练者才能够将其表现出来。狭义上讲，音乐创造能力主要指作曲能力，而从广义上讲，还应该包括歌唱、演奏、欣赏活动中的“二度创作”。因此，在基础音乐教育当中，培养学生的音乐创造能力有着相当重要的意义，当学生的音乐创造能力得到提升后，他们才能更准确地通过表演活动来诠释作品中的深刻内涵，并能够听懂更为复杂、逻辑更为严密的作品。

（二）音乐审美能力的功能

1. 开发智力功能

音乐具有开发智力的功能，这一点早已得到国内外许多音乐教育家的认可，而当我们将音乐艺术作为一门学科来看时，能够发现其本身具有科学性、严密性和系统性特征。通过查阅历史典籍，我们不难发现，自古以来，许多卓有成就的人都非常热爱音乐，甚至一些人还将自己的成功归因于自幼接受了良好的音乐教育。音乐启迪了他们的智慧，培养了他们良好的道德情操，并提升了他们科学的想象力，这一点毋庸置疑。例如，爱因斯坦作为世界上著名的科学家，其一生为推动人类社会发展做出了卓越贡献。而他本人曾表示，当自己在研究过程中遇到困难时，就会去拉小提琴或弹钢琴，以此来调节情绪，并在音乐中解除困惑；而我国宋代的沈括、明代的朱载堉，他们不仅是我国古代著名的科学家，更是著名的音乐家。再看我国当代的李四光、华罗庚、钱学森、袁隆平等，无一不是音乐艺术爱好者，音乐艺术充实着他们的生活，为他们提供工作上的灵感和生活上的慰藉。所以，对学生进行音乐教育，能够在一定程度上开发学生的智力，为他们日后的学习生活铺平道路。

2. 认识深化功能

美育的本质是以美育人，因此通过美育，能够引导学生从审美的角度来对自然和社会进行认识。通过人们祖祖辈辈的社会实践活动，人们已经总结出相当丰富的审美经验，而这些经验就是前辈留给晚辈最宝贵的财富。通过学习音乐审美经验，学生们能够从艺术的角度来剖析社会现状，并体会到社会生活的基本规律，为学生日后真正进入社会打好基础。

3. 陶冶情感功能

情感熏陶是音乐教育的重要功能之一，作为最具情绪感染力的艺术，音乐能够通过听觉刺激直接激发人的内心情感，并迅速唤起人特定的生活记忆和过去积攒的生活经验。在音乐教育活动当中，强调对情感的体验也是始终贯穿教育全过程的。在这一过程中，学生能够将自己的情感与音乐作品相结合，在作品的带动下做出相应的情绪反应，以此获得不同的情感体验。由于长期的情感培养，学生的情商会得到显著提高，情感表达能力和情绪控制能力都会得到加强，这对学生日后开展丰富的社交活动有着很大帮助。

4. 平衡身心功能

许多生理学家都提出，人的生理状态在一定程度上会受到心理状态的影响。这一点已经得到国内外相关专家学者的认可。事实上，人是一种有思想、有情感的动物，不是一种机械性的动物，因此，人的生活状态是会受到情绪的影响的。当人在紧张、焦虑、苦闷的情绪下，其工作效率、身体健康状况都会受到影响。一些音乐心理学家和音乐治疗专家都表示，优美动听的音乐能够改善人的身心状态，因此，音乐治疗活动和音乐心理疏导活动已经得到广泛的应用，相关学术研究成果也不断涌现。由此看来，在基础音乐教育中，培养学生的音乐鉴赏能力，引导学生养成利用音乐对自我身心状态进行调节，对学生的身心健康发展有着不可忽视的作用。

二、音乐教育中的审美教育

音乐艺术是社会文化的重要组成部分，音乐教育则是音乐文化的教育。通过音乐教育，学生的综合文化素质能够得到显著提升，是培养一个有文化、有道德的当代青年的必由之路。普通学校的音乐教育与专业院校的音乐教育有着本质上的区别，普通学校的音乐教育是以塑造健全的人为根本目的的，因此在具体的教学过程中，教师往往着力于学生审美能力的发展和综合素质的提升。在这种音乐课堂中，音乐教学的形式更为丰富，教学的内容也相对广泛。在基础音乐教育当中，只有将真、善、美统一起来，并注入课堂当中，才能发挥音乐育人的作用，并使音乐艺术的真正价值得到最大限度的发挥。

（一）学校音乐教育在审美教育中具有特殊意义

1. 学校音乐教育是审美教育的重要组成部分

音乐教育中十分注重对美的形象、行为、感染力的感知与分析，这正是音乐教育与其他教育的本质区别。在学校的基础音乐教育当中，学生能够接触到大量优秀的音乐作品，这些作品都是前辈艺术家创造的结晶，最能体现中国民族传统文化和人类共同文化。学校音乐教育的形式主要包括歌唱教育、鉴赏教育、表演教育等，通过这些形式，学生能够逐渐树立起正确的音乐审美意识，增强音乐理解能力和创造能力，并使自己的主观情感得到升华，使自己的心灵得到净化。通过这种方式进行教育，其成果比任何一种说教或是灌输式的教育都显著。在学校音乐课堂中，教师需要为学生营造一个真实、自然、舒适、具有安全感的学习环境。在这种环境下，学生能够放松自己，并完全敞开心扉与老师和同学进行交流。通过音乐，同学之间的情感日益深厚，思想道德也得到了提升，这为学生心理的健康成长奠定了基础。在普通学校中，音乐教育必须面向全体学生，必须兼顾每个学生的成长。这要求教师要了解每个学生的审美特征，并引导学生在自己原有审美水平的基础上获得提升。在素质教育理念下，只有将每位学生都培养成思想健康、情绪积极、品德良好、有较强社会生存能力的人，学校的教学目标才算是真正实现了。

2. 审美教育是学生全面发展的必需

随着我国教育事业的不断发展，国民对国家教育的期望也越来越高。现如今，德、智、体、美、劳全面发展已成为对每位学生的基本要求。在信息化时代，社会更需要拥有综合能力的人才，也更需要对多元文化有着深刻理解的人才。这就需要当代青年需要有多方面的文化艺术修养。

在学校的音乐教育中，教师要尽可能地为学生创造音乐实践的机会，并在课堂上为学生留出足够的音乐实践时间。此外，教师还应当鼓励学生在课余时间主动参加各种音乐表演、鉴赏活动，从而拓宽学生的音乐知识面，拓展学生的艺术事业，并使学生进一步掌握音乐技能。这为学生日后自主进行音乐学习和音乐鉴赏活动有着积极意义。此外，鼓励学生参加团体音乐实践活动，对提升学生的人际交往能力、增强学生的团队合作意识也有着不可忽视的作用。

（二）音乐美育的内容

音乐美育即通过音乐艺术来对人的审美能力进行影响的教育活动。从音乐美育的内容方面来讲，主要包括两个方面：一是对音乐能力的提升；二是对音乐知识的传授和对音乐技能的训练。对于普通学校的基础音乐教育而言，这两个方面在具体的教学中都有涉及，但相比较而言更重视对学生音乐能力的提升，音乐知识的传授和音乐技能的训练只起到辅助作用。音乐艺术实践活动不可能脱离音乐知识和音乐技能而独立存在，但音乐是艺术而非技术，因此我们必须将教学最终的落脚点放在音乐能力的提升上。

从广义层面来说，音乐美育是社会教育的重要组成部分，有音乐的地方就会体现出音乐美育的作用，这也是音乐艺术本身具有的社会价值的体现。因此，学校的音乐教育就像是一本书的目录，教师通过短暂的课堂时间来为学生梳理音乐相关的知识，并选取最有代表性的音乐作品来引导学生深入体会。在唤起学生音乐学习兴趣、激发学生自主学习欲望之后，就需要不断鼓励学生在课后时间主动参与各种音乐实践活动。到这里，学校的音乐教育工作基本上算是获得了初步的成效。也正是从这里开始，音乐美育从学校教育逐渐向社会教育拓展。此外，家庭教育对一个学生的音乐素养也有很大影响。许多自幼展现出良好音乐天赋的学生，通过对他们的家庭背景进行调查，就会发现他们从小生活在充满音乐艺术的家庭环境当中，他们的家人大多都是音乐爱好者或职业音乐人。因此，鼓励家长为学生营造一个良好的音乐生活氛围，对提高音乐教育的质量也有一定的积极意义。通过对音乐美育的性质和基本目的进行分析，我们能够对音乐美育的主要内容进行进一步细化，其中主要包括以下内容：音乐理论与史论知识的教育、音乐表演技能的训练、音乐创造教育、音乐欣赏教育、音乐艺术活动等。在实际的教学活动当中，这些内容往往相互结合，并非独立存在，这也是素质音乐教育与专业音乐教育的区别之一。

1. 音乐基础知识与史论知识的教学

在音乐欣赏、创作和演奏训练中，学生要有意识地学习基本乐理知识，并在音乐实践中将这些知识进行运用，进而加深自己对乐理知识的理解，提升自己的音乐记忆和音乐辨别能力。

音乐史论是以文字形式承载人类音乐文化的重要知识，音乐艺术是时代和社会共同的产物，每个时代的音乐作品都是该时代的社会剪影，能够反映出特定时代下人类社会发展的基本状况，并生动地描绘出当时人们的生活情感。因此，通过学习音乐史论，学生能够将音乐文化与人类社会发展联系起来，能够学会从音乐中窥探社会现象，并总结出社会发展的基本规律。此外，不同历史时期、不同地域、不同民族的音乐文化各有不同，这也为学生拓宽了文化视野，尤其是在全球文化多元化发展的今天，这样的教育是具有时代意义的。

2. 音乐表演技能的训练

音乐是一门技术含量很高的艺术学科。无论是唱歌还是演奏，都必须经过一定的技能培训才能进行。音乐技能训练的过程本身就是实践操作的过程，这一过程不仅能够帮助学生对音乐形式美的“法则”进行深入理解，更能够锻炼学生的手脑协调能力，在培养学生审美能力的同时，促进学生大脑发育。此外，作为审美教育，音乐知识和技能是培养人们审美能力和审美品位的桥梁和手段。如果在音乐表演技能教学中忽视了美感和情趣的教育，而仅仅专注于技能提升，那便是本末倒置，使具有鲜活生命力的音乐美育活动变成了死板的机械技巧训练。

对于目前中国的中小学教学而言，进行歌唱教学比进行器乐教学更具可实行性。在歌唱教学中，教师应当兼顾三个方面的教学：一是演唱方法的教学，即要求学生掌握正确的呼吸方法和发声方法，防止学生在演唱的过程中由于错误用嗓而损伤声带；二是演唱技巧的教学，即要求学生掌握正确的咬字吐字方法，对基本旋律、节奏、音准有较好的把握；三是艺术理解与处理的教学，即要求学生能够体会作品中表达的音乐情感，并能够通过自己的演唱，将作品中描绘的艺术形象塑造出来。

3. 音乐欣赏教学

音乐美育中最重要的内容就是音乐欣赏教育，因为音乐欣赏教育是成本最低、可实行性最强的一种方式，因此这种教育能够在普通学校中大范围推广，并能够兼顾每位学生。音乐鉴赏教育的基本方式是引导学生深入聆听音乐，而根本目的则是培养学生获得“音乐耳朵”。与乏味枯燥的音乐技能训练和难以理解的音乐理论知识学习相比，音乐欣赏学习更具感染力，也最容易让学生接受。

音乐欣赏教学的内容是最为丰富的，尤其在当今时代，全世界各个民族优秀的音乐作品都被收入我国学校音乐教材当中，诸如各个民族的民间音乐、中国传统音乐、戏曲、曲艺、西方古典音乐、中外现当代音乐等。这些作品往往具有较为深厚的文化内涵，对提升学生音乐文化素养有着十分重要的作用。音乐欣赏教育的具体内容包括介绍音乐作品的音乐知识，如音乐体裁、表演形式、乐器介绍、乐队编制；介绍作品的创作背景、作曲家生平及主要成就、作品在音乐文化历史中的地位和作用以及后世对这部作品的评价等。

4. 音乐创作教学

音乐创作教学也是音乐审美教育的重要组成部分。在中小学阶段，音乐创作教学的目的不是培养特殊的作曲家，而是通过音乐创作活动培养受教育者的创造性思维和创造性实践能力。实际上，通过音乐的各种创造活动来提高学生的创新思维更为重要。

在普通学校的音乐创作教学中，教师通常采用音乐改编、即兴创作等方法来进行教学。例如，由教师指定节奏，要求学生创作旋律；或是将老师给出的旋律动机发展成完整的乐句或是乐段，等等。进行音乐创作教学的前提是学生掌握了较为扎实的音乐基础知识，因此，此类课堂往往针对高年级的学生。在条件许可的情况下，教师应当充分利用地域文化资源，为学生提供采风等课外实践机会，让学生在深入了解民族民间音乐文化的同时不断提升自己的音乐创造能力。

5. 音乐艺术活动

参加音乐实践活动对提升学生综合音乐能力有着十分重要的意义，也是实施音乐审美艺术的重要途径。音乐实践活动涵盖面非常广泛，包括歌咏比赛、音乐会、文艺会演、音乐游戏、音乐采风、音乐鉴赏讲座。学生通过参与丰富多彩的音乐实践活动，能够发现音乐艺术的真正魅力，从而极大地激发学生的学习兴趣，并在实践的过程中鼓励学生为自己下一阶段的学习树立新的目标。

（三）音乐美育的基本原则

1. 情感教育原则

音乐是情感的艺术，任何一部作品都是情感的载体，人们通过聆听音乐能够感受到作品传达的情感信息，并与自己的生活经验相结合，从而获得更为深刻的音乐感悟。我国著名的美学家朱光潜先生曾提出，“美感教育是一种情感教育”，这句话直截了当地说明了音乐教育的基本特征。在音乐教育的过程中，情感交流活动是持续不断的，因此对学生情感体验和表达能力的培养也会贯穿音乐教育始终。

2. 寓教于乐原则

“寓教于乐”能够体现美育与其他教育之间很大的区别。美育往往不会过于强调实施的方式，也不提倡对学生进行一味地说教，而是依靠艺术本身的美感来吸引学生，让学生在愉悦的状态下自主学习。

人类天生对优美动听的音乐有着极强的兴趣，因此在以核心素养理念为支撑的当代中小学教育中，我们不能让枯燥乏味的专业技能束缚学生的心灵，也不应当为了让学生尽快掌握更高的实践技巧而失去了对音乐的兴趣。应以音乐欣赏和开展学生力所能及的音乐活动为主，让学生在音乐的享受中得到教益。

3. 因材施教原则

任何一种教育都注重因材施教，这也是中国古代教育理念的重要体现。人们对音乐的感悟能力天生就有差异，对音乐表演所需的技能学习条件（如节奏感、嗓音条件等），人与人先天的差异也是相当大的。要使不同先天条件的学生都能在音乐美育中有所收获，就必须遵循因材施教的原则，针对不同学生的差异对他们提出不同的学习要求。

4. 注重实践原则

音乐是实践的艺术，无论是音乐表演、音乐创作还是音乐鉴赏，都属于实践活动。音乐素养的培养是建立在反复聆听优秀的音乐作品、不断积累音乐艺术体验的基础之上的，只有坚持参与各种音乐实践活动，学生的音乐素养才能得到稳步提升。此外，在进行音乐实践的过程中，学生必然会遇到困难、遭受挫折，这对学生提升意志力、养成刻苦奋斗的精神也有着积极意义。

5. 创造性能力培养原则

通过素质教育的推广，音乐教育得到了人们的广泛认可，并被认为是塑造完善人格必不可少的一门学科。尤其在提倡创新的当下社会，学生的创造能力被看作是一种非常重要的品质，而通过音乐教育，能够极大地提升学生的创造能力，并在具体的音乐实践活动中得到应用。对于普通学校而言，开展音乐创作教学可能有着不小的难度，但教师可以在音乐表演、音乐鉴赏教学的过程中，尽可能多地加入音乐创造教学内容，努力培养学生的创新意识，并鼓励学生发挥想象力，将自己的想法大胆地表达出来。

（四）音乐教育的审美要素分析

在基础音乐教育中，审美教育是最为关键的，也是对学生日后成长影响最为深远的。通过研究基础音乐教育的审美要素，能够发现素质教育的基本规律，并将这一规律融入音乐课程建设当中，从而更为科学地开展教学工作。

1. 音乐教学内容的审美因素

确定音乐教学的内容是开展教学工作的前提条件，也是学生在课堂上获得音乐体验的客观条件。所以，教师首先要选择那些既有较高鉴赏价值，又符合学生心理发展的音乐作品来为学生进行讲解。此外，就我国而言，不同民族、不同地域文化环境下也会孕育出风格迥异的音乐文化。因此教师应当充分利用地域音乐文化资源，为学生介绍当地的民族民间音乐。这些音乐作品中描述的内容与表达的情感往往与学生的生活环境和祖辈的生活记忆有着密切的联系，所以，学生在理解音乐内容和表达的思想情感方面往往不会有很大难度。通过地方民间音乐的教学，学生不仅能够对自己家乡发展历史有更为深刻的了解，还能够成为家乡民间文化的传承者，其中的意义不言而喻。

音乐教育内容的审美因素十分多样，如旋律美、节奏美、情感美、思想美、立意美、风韵美、配器美、伴奏美等。好的音乐教材一定要贴近学生的日常生活，作品中表达的思想情感一定是学生希望了解到的，里面的音乐风格多样，思想积极向上。这些作品能够快速吸引学生的注意力，并使学生在聆听或表演的过程中产生情感上的共鸣。同时，好的教材还应具备“动听”“耐唱”的特点。换言之，只有那些能够为学生带来精神上的愉悦的作品，才能够真正吸引学生。如果在学生审美能力不足的情况下，就介绍学生去聆听一些逻辑严谨、结构复杂的作品，必然导致学生对作品产生误解。此外，音乐教材要体现经典性与文献性，从而对人类音乐文化成果进行全方位的展示。

在普通学校的音乐课堂当中，教师的教学时间是十分有限的，这就要求教师必须学会把握教学重点，并能够从教材中提炼出最重要的审美因素，并找到符合我国当代中小学生心理发展水平的教学切入点。只有用学生能够理解的方式与学生进行沟通，才能获得预期的教学效果。

2. 音乐教学方法的审美原则

由于音乐学科具有特殊性，因此在该学科的教学方法上，也不能采用其他学科通用的教学方法。音乐教学方法的核心在于把握感性因素，并鼓励学生以体验的态度来学习音乐。概括地说，它遵循着下面一些原则：

（1）情感审美原则

音乐艺术通过听觉系统来向人的大脑传递信息，这些信息直接作用于人的情感世界。而美育本质上也属于情感的教育，这就使我们不得不对音乐审美的情感性因素进行深入分析。音乐审美活动是贯穿音乐实践活动始终的心理活动，只有音乐审美活动与音乐逻辑思维、音乐技能相结合，才能完成完整的音乐实践活动。在音乐教育的过程中，教师有必要时刻关注自己的教学，尤其是教学过程中是否贯穿了情感教育。如果缺乏情感教育，或者情感教育不够深刻和真实，学生就无法真正体验到音乐的情感功能，甚至会对音乐情感产生误解，从而阻碍学生艺术鉴赏能力的发展。

在音乐课堂上，教师应当注意与学生建立良好的师生关系，因为只有在学生信任教师的情况下，学生才会主动地同教师分享自己的审美体验。因此，在音乐课堂中能否进行和谐的情感交流，是课堂教学成效的重要判断标准。艺术的教学与其他科学类学科不同，教师不能通过向学生灌输知识的方式进行教学。在课堂中，教师并不具备权威性，而是应当努力营造一种平等、民主的氛围，让学生获得更为宽松的情感表达空间，为学生与他人进行情感交流奠定基础。

（2）体验审美原则

音乐艺术需要用心体验才能感悟到作品中蕴含的深刻内涵。值得注意的是音乐创作、音乐表演和音乐鉴赏都需要建立在音乐体验之上，只有音乐实践者在体验音乐的过程中获得灵感，才能将其运用到日后的音乐实践中去，从而提升自己的音乐实践水平。

在普通学校的音乐课堂上，教师的语言表达应当尽量简洁。因为过度地解释音乐是不利于学生通过聆听去理解音乐艺术的。在课堂上，教师可为学生营造一个与课程主题相符的音乐体验环境，通过各种手段来创设审美情境、渲染艺术氛围。在这样的课堂环境中，学生更容易进入音乐的世界，并敞开心扉去体验音乐艺术。同时，将相关的音乐文化知识融入音乐活动中，让学生从音乐的整体感受中自然地学习。这也是音乐教学中不可忽视的一种手法。

（3）形象审美原则

音乐艺术的魅力在一定程度上体现为具有鲜明的形象性特征。因为在每一部音乐作品中都通过音响元素塑造出独特的音乐形象。而对各种音乐形象的解读，就是音乐鉴赏的第一步。音乐的形象具有声态、情态、形态、动态等一系列形象化特征，这就使得人们在对音乐作品进行鉴赏时，需要通过音响、情感、抽象的形态等角度切入，对作品进行全方位的分析。对于普通学校的音乐教育而言，贯彻形象性原则能够最大限度调动学生的音乐艺术想象力。除了作品鉴赏教学外，这种原则同样也可应用于音乐知识的教学当中，使那些抽象的、难以理解的乐理知识变得生动形象，对提升学生的乐理学习效率具有不可忽视的意义。

（五）音乐教师的审美规范

教师是学生的榜样，教师在教学过程中应当以自己的行为为学生做出示范。音乐教师也是如此，音乐教师个人的审美偏好也会在一定程度上对学生产生影响，因此其教学工作始终应当贯彻审美示范。

1. 教学仪态

接受艺术教育的目的之一便是提升自身的气质，为了实现学生的这一学习愿望，教师需要为学生营造良好的艺术课堂氛围。与此同时，教师本人的教学仪态也是课堂艺术氛围的重要组成部分。教学仪态是教师在教学活动中所显示的符合礼仪要求及审美规范的举止、表情、姿势、仪容、服饰等。

2. **教学语言**

教学语言与日常用语是有很大区别的。教学用语讲究礼貌、规范、专业，并注意与学生维持较为亲密的师生关系。值得注意的是，音乐课程的教学不能太过重视语言的表述，而是要通过语言来引导学生用心体验作品的深刻内涵，换言之，音乐课程的教学重点是音乐本身。

3. **教学气质**

教师的气质由其个人的性格特点决定，教师的个人气质会影响整个课堂的氛围。对于音乐教师而言，其个人的气质来自个人音乐修养与文化心理的积累。音乐教师不仅要热爱生活、热爱音乐，还必须热爱学生。只有将这些纯洁、美好的情感投入教学工作，才能让学生在音乐课堂上真正有所收获，并从教师那里感受到关爱，这对学生个人性格发展和人格完善有着重要影响。

（六）音乐教学环境的审美特征

音乐教学是建立在审美教学基础之上的，而审美的教学必须渗透进教学过程中的每个环节。音乐教学环境的审美化主要可从以下两个方面得以体现：一是听觉环境，即为学生提供高质量的音响素材；二是视觉环境，即为学生提供宽敞明亮、舒适干净、富有艺术气息的教室空间环境。

对于普通学校的音乐课堂而言，引导学生学会聆听音乐是教学过程中最为核心的一个环境，而要引导学生学会聆听，首先要为学生创造一个良好的听觉环境。尤其是对于一些年级较低的学生而言，由于他们尚未建立起正确的听觉审美概念，如果此时让学生接触的是一些质量不高的音响，便会对学生的审美发展产生消极影响。在音乐教学当中，教师应当努力营造良好的声音环境，避免教学环境中出现嘈杂刺耳的音响。在为学生播放音乐作品时，也要注意音质的高低。如果教师要中途停止播放，则需要在完整乐句处停止，使学生获得舒适的听觉体验。

室内环境的视觉设计对音乐教学能够起到辅助作用。室内环境会对人产生一定的心理暗示作用，那些具有音乐元素的教室环境能够让学生在进入教室的瞬间便感受到艺术的气息，从而很快进入学习状态。此外，座位的安排和乐器的摆设也应当根据课堂教学的需要进行调整。教室墙壁上的装饰、挂图应当围绕音乐艺术进行布置。总之，必须使教学环境符合艺术情境的基本原则。

三、音乐审美能力的培养

审美能力是多种能力综合作用的能力，我们可将审美能力进一步分为感知、联想、情感、理解等几种能力。对于音乐艺术而言，审美能力的培养即对音乐听觉感知能力、音乐联想与想象能力、音乐情感感受能力、理解与表达能力、音乐内涵理解能力的培养。

（一）审美感知能力的培养

音乐信息是通过音响的形式进行传播的，对于人来说，则是通过人耳来进行接收的。所以，只有当一个人有良好的听觉分辨能力时，才能进行音乐鉴赏活动。对于中小学阶段的学生而言，养成良好的听觉习惯、建立正确的声音审美概念是进行后期学习的前提，如果从小就形成了错误的音乐审美概念，那么他们日后的学习就无法进行下去。音乐艺术的教育与音乐听力的发展是同步进行的，教师在日常教学中必须时刻注意对学生听觉感知能力的培养。而具体落实在教学实践中，则主要体现为要求学生对音准、节奏、音色、旋律、调式、速度、和声、复调、曲式等音乐表现要素有清晰的概念和较好的反应。

(1)“听觉体验”——“心灵体验”

音乐作品的鉴赏可粗略地分为两大部分，一是“听”，二是“想”。“听”是接受音乐信息的方式，而“想”则是理解音乐内容的方式。任何一部音乐作品都不会仅仅作用于人耳，而是必然会作用于人心。只有当学生能够从心灵上感受到音乐的艺术魅力，他们内心真正的情感才得以激发。音乐鉴赏能力的提升过程本质上就是心灵感悟能力的提升过程。

例如，教师在引导学生鉴赏古筝作品《渔舟唱晚》时，首先要让学生对每个乐段的节奏节拍进行熟悉。第一乐段抒情悠扬的慢板、第二乐段速度的加快、第三乐段的快板。不同的节奏节拍所表达的音乐情绪也存在差异。接下来，教师可以请学生来对比三个乐段的演奏情绪，并用间断的话语来总结不同乐段所表现出的音乐情绪特征。整部作品仿佛勾勒出一幅中国山水画，音乐开始用静谧的旋律将听众引入宁静、舒适的自然环境，使听众仿佛能够看到波光粼粼的水面。随着旋律的进一步发展，在进入高潮部分后，作品表现出渔舟近岸、渔歌飞扬的热烈场面。在讲解这部作品时，教师要注意引导学生深入体会在音乐发展过程中情感的变化。在学生能够大体上掌握作品结构之后，教师还可进一步引导学生去体会每个乐句的细微处理，并从中体会到不同的创作手法对音乐形象塑造的影响。

总而言之，教师引导学生聆听作品，是培养学生音乐听觉和体验能力的重要手段。在这一过程中，教师可以提前提出一些问题，让学生带着问题聆听音乐。在学生解决问题的过程中，他们对音乐语言的理解能力也会得到提升。

（2）多体裁的音乐鉴赏

提高学生音乐欣赏能力的途径不仅仅是课堂音乐教学，还可以通过日常生活中的音乐会、电视、电影、录像、录音等社会音乐实践活动来实现。因此，音乐教师应当在课堂上为学生指出提升自己音乐品味的可行方法，并鼓励学生在课后主动聆听音乐，多参加各种音乐实践活动。在日常的教学当中，教师应当引导学生广泛接触各种各样的音乐体裁。中国传统音乐的一大特点是，同一首乐曲往往会有不同乐器演奏的版本，如《渔舟唱晚》可用古筝、竖琴和二胡来演奏不同的版本，不同乐器演奏的乐曲在音乐色彩表现上也具有一定的差异。通过引导学生聆听各种版本的作品，能够帮助学生锻炼听觉感受能力，并对作品产生深刻的理解。

（二）审美想象能力的培养

音乐联想是艺术想象力的重要体现，而联想活动必须在特定的外界环境刺激下才能发生。当某种外界环境激发起一个人过去的生活记忆后，他就能够将这种刺激信息与记忆中的内容相联系，从而产生各种联想。例如，当我们听到旋律悠长、音域宽阔、节奏宽松的作品时，往往会联想到广阔的草原、浩瀚的大海；而当我们听到旋律欢快，节奏紧凑的旋律时，则会想到热闹欢腾的场面。由此看来，音乐信息能够直接引发人们的联想。当然，这一定是以人们具有的共同的生活经验为前提的。

审美想象是以审美感知和审美联想所提供的信息为基础，用审美主体的情感要素创造出全新艺术形象的过程。如果仅仅从物理角度来看，我们听到的音乐不过只是一种声音，而要站在人类文化的角度来对这种声音进行解读，就必须将音响信息“翻译”成具象的音乐形象，这种形象尽管看不见、摸不着，但却能够生动形象地在音乐响起时，浮现在人的脑海中。只有在长期的艺术经验积累中，音乐的审美想象才能不断提高。这种创造性联想和想象的形成，与每个人的生活经历、文化修养和个人气质密切相关。

（三）审美情感能力的培养

自古以来，人们就十分重视音乐艺术对人情感能力的培养作用，这种作用主要可从以下两个方面得以体现：一是情感量的拓展；二是情感质的深化。正是因为情感艺术能够从这两个方面对人的情感进行培养，才使得人们的情感世界得以不断丰富和完善。

在人们接受音乐的过程中，音乐中蕴含的情感因素便会对人的大脑神经产生影响。因此，每一次聆听音乐，都是对音乐情感的积累，随着音乐鉴赏经验的不断丰富，人的情感量也会逐渐增加。例如，当代的学生从小生活在和平的年代，他们并没有亲身经历过残酷的战争。但当他们听到《游击队歌》《大刀进行曲》等作品时，家国情怀便会油然而生。再例如，当一名从小生活在城市的学生听到《牧童短笛》《在希望的田野上》等反映农村生活情景的音乐作品时，也会感受到一种从未有过的乡村气息。这些作品中表达的情感是当代学生在日常生活中很难体会到的，通过音乐鉴赏，学生能够“穿越时空”，感受到过去人们的生活状态和在当时社会背景下人们的思想情感。让学生们在了解历史的同时，感受到今天美好生活的来之不易，从而学会珍惜当下、热爱生命、热爱生活。

学生在聆听音乐作品的过程中，其情感不仅在量上得到拓展，同时，在质上也会得到提高和升华，这一点是其他教育无法替代的。人本身就具有喜、怒、哀、乐等情感，这些情感在社会环境中往往表现出现实性和功利性特征。对于青年学生而言，只有学会正确控制自己的情感，并时刻保持良好的情绪，才能为自己未来的发展奠定良好的心理基础。也只有能做到这一点的学生，才能够成长为一名精神状态良好的、意志坚定的、人格健全的社会人。

通过学习中小学音乐教学大纲，我们发现，大纲中强调了音乐教育陶冶情操、提升审美能力、优化学生心理状态等作用。对于中小学阶段的学生而言，情感体验是最适合他们的教学方式。情感体验教学是以激发学生审美感知能力为目的的教学模式，具体可分为感知音乐——体验音乐——理解音乐——表现音乐——创造音乐这几个过程。音乐教学中，都应遵循情境性原则、体验性原则和感知性原则。

在音乐课堂上，教师应当鼓励学生积极参与音乐体验，通过语言表达和肢体动作来调动学生的参与积极性，使课堂气氛更为活跃。只有在轻松、自然的课堂环境中，学生才能快速进入音乐的世界，并从中有所感悟。

值得一提的是，小学生音乐情感体验的培养与中学生音乐情感体验的培养有着相当大的区别。因此对于小学音乐教师而言，首先要充分了解学生的心理发育状态。针对低年级学生年龄小、心理发育不健全、社会实践参与少、精神难以长期集中等因素，音乐教师首先要从兴趣出发，创造良好的音乐情境，使学生能够融入课堂。在小学阶段，学生的核心素养提升在很大程度上来源于学生参与的各种实践活动。只有让学生投入各种实践活动当中，才能够切身体会到社会生活的精彩之处。因此对于音乐的学习也是如此，引导学生进行音乐实践的教学成果远比单单引导学生进行音乐鉴赏教学的成果丰硕。而在进入中学阶段之后，音乐课程的教学则应当将重点放在引导学生自主鉴赏音乐，鼓励学生在课后闲暇时间广泛聆听各种风格的著名音乐作品，以此来培养学生良好的音乐审美习惯，为其日后的进一步学习打好基础。

1. 与音乐活动相结合的情感体验

通常情况下，小学低年级阶段的音乐活动以演唱或其他音乐表演形式为主。因为此类音乐表演活动能够使学生注意力得到集中，并通过亲身参与获得愉悦感。而聆听音乐会这种鉴赏类音乐活动就不适合在低年级阶段的学生中广泛开展。因为除了极具音乐天赋的个别学生外，其他学生大多不能融入这种音乐氛围，甚至会出现在音乐厅打闹、无法安心坐下来的情况。

在开展音乐表演活动的过程中，教师可以发挥想象力，为学生设计各种各样的音乐实践形式。与传统的歌唱表演相比，音乐游戏更能够受到学生的欢迎。此外，音乐游戏还能够帮助学生克服紧张、怯场等不良心理，帮助那些不敢面对众多听众进行演唱的学生更好地参与音乐实践活动。例如，在小学音乐校本课程中，音乐教师用歌曲《丢手帕》进行音乐体验教学游戏活动。教师以“丢手帕”的形式让学生们把握歌曲的基本节奏。在学生围成一个圆圈后，教师可挑出一名学生拿着手帕跟随音乐的节奏围绕圆圈跑动，其他学生则在原地跟着歌曲的节奏一边演唱一边拍手。每当唱到“手帕”时，跑动的学生停下并把手帕扔到一名同学的身后。

用做游戏的音乐活动方式体验音乐，让低年级学生充分感受歌曲的节奏感和律动感。在学生更快掌握歌曲旋律的基础之上，结合奥尔夫音乐教学法，通过拍手、做游戏的活动培养学生的乐感，特别是节奏感，能够更为积极地融入音乐情境，让低年级学生以这种方式更好地体验音乐，也是提升低年级学生审美情趣和能力的基础。

音乐教学实践是音乐教师引导学生充分参与音乐课程的实践活动，让学生亲身感受音乐所带来的美好情感体验。除此之外，学生还可以通过演唱歌曲或演奏乐曲来表达自己的情感，通过音乐语言与教师和同学进行交流。在音乐实践活动中，学生的审美潜能会得到不断开发，学生的审美能力也会得到不断的提高。

2. 与舞蹈表演相结合的情感体验

只有发挥音乐教育中的“感知性”作用，才能真正起到培养学生音乐核心素养的作用。在对低年级的学生进行教学时，教师可以带领学生伴随着音乐跳舞。舞蹈本身是一个极具律动性的活动，通过舞蹈训练，能够提升学生的节奏意识。在音乐课堂上，教师可营造一个载歌载舞的氛围，并让学生融入其中，这对学生感悟音乐作品中的思想情感有很大帮助。例如，在教授《团结就是力量》这首歌曲时，教师可将学生分为几人一组的学习小组。要求每个小组的同学根据音乐自己排练一段舞蹈。在学生表演完自己排练的舞蹈后，教师可对每组学生的创意、舞蹈表演等方面进行点评，并在点评的过程中，告诉学生这首歌曲所表达的核心思想情感是什么。这种教学方式能够引导学生大胆表达自己对音乐作品的理解，并在舞蹈实践的过程中感悟音乐的艺术魅力。

中学生音乐情感的培养与小学生不同，尤其是高中生在各方面都比较成熟，只有那些具有逻辑性的作品才能帮助他们进一步提升审美能力。中学情感体验教学可以通过音乐欣赏和音乐实践活动来实现。在中学阶段，音乐核心素养教育的重点应当从审美习惯培养向人格、价值观培养方向转变。学生在接受过小学阶段的教育之后，他们已经有一定的音乐鉴赏能力，已经发展出自己的审美偏好，并能够独立进行音乐作品鉴赏活动。但由于学生的文化素养尚有待提高，他们对音乐作品质量的判断能力有限，此时如果不对学生进行正确的引导，很有可能误入歧途。所以，这一阶段的教学应当以育人为主，通过音乐的熏陶来帮助学生建立正确的人生观、价值观，树立崇高理想。

在高中阶段，与其他课程形式相比，音乐鉴赏类课程的占比是最重的，这种课程能够帮助学生快速提升审美感知能力。由于高中阶段的学生在心智方面已经比较成熟，也有较强的逻辑思维能力，因此教师可以为学生介绍一些结构复杂、篇幅较大、逻辑思维严密的作品。在教学过程中，教师不仅要引导学生对作品的情感进行把握，还要进一步引导学生去分析每个乐句的形象表达，体会音乐语言对其他事物的描述方法。例如，在教授《琵琶行》时，教师可先让学生聆听作品，并通过口语来阐述作品表达了怎样的思想情感、自己在聆听的过程中产生了怎样的感受。在学生对作品有大致了解之后，教师再进一步引导学生体会音乐中如何构建出琵琶女这一人物形象，并通过讲述琵琶女的人生遭遇，来反映当时中国社会状态。当学生对当时社会背景有清晰的了解后，再来聆听作品，一定会有不一样的感触。

（四）审美理解力的培养

1. 音乐理解能力的培养

音乐审美理解力的培养建立在广泛而丰富的艺术知识和文化修养的基础之上，尤其是文化修养，对提高音乐审美能力具有重要意义。此外，丰富的生活体验和情感体验，对人们体验和理解音乐也会非常有帮助。

尽管提升音乐审美能力的途径有许多种，但仅仅靠刻苦地背诵理论绝对收效甚微。对音乐的理解主要依靠一种感性的把握，并将音乐作品中表达的思想情感与自己的生活体验相联系。从这里我们能够看出，音乐之所以具有极高的审美价值，不仅仅是因为音乐作品本身蕴含着特定的美感，更是因为每位听众都能将特定的音乐作品与自己的生活经历相联系，进而获得与众不同的情感体验。从这一层面看，同一位听众在不同的年龄阶段、不同文化水平阶段、不同情绪状态下聆听同一首音乐作品，其获得的审美体验也是具有差异的。这便是音乐的无穷魅力的体现。

对于中小学生而言，广泛地聆听各种风格流派的音乐作品，对提升自己的音乐审美能力有着不可忽视的意义。只有当学生积累一定的乐曲量后，才能够独立地对作品作出分析和判断。所以，音乐教师应当在课堂上反复强调多听音乐的重要性，帮助学生养成广泛聆听音乐的习惯。要让学生知道，尽管有自己的音乐审美偏好是十分正常的，但不能将音乐鉴赏活动局限于自己的偏好范围中，否则，他们的音乐意识成长会“缺乏营养”。

当然，提高音乐审美能力的方法还有很多，如果有条件，教师可以鼓励学生参加各种音乐表演活动，在学习音乐技能的过程中，学生会对音乐艺术的基本原理有更为清晰的认识，并感受到音乐实践活动带给自己无限的快乐。在音乐实践活动当中，学生们不仅是一个表演者，更是一个音乐艺术的创造者，这必然会引起学生对进一步学习音乐产生浓厚的兴趣。

2. 文化理解能力的培养

文化是人类社会独有的元素，通常情况下，我们会将文化当作一个具有广泛性的人文概念来进行解读。从这个角度来看，对音乐文化的理解也能够体现出社会人文素质的高低。从广义层面来讲，音乐文化包含了特定区域内，人们的思想意识、情感表达、学术理论、价值观念、风俗习惯、审美偏好、理想追求等多个方面。而对音乐文化的理解，则包含了所有与音乐这一艺术表现形式有密切关联的文化因素。因此，对音乐文化的理解是对特定时期社会现状、人们思想感情的直接解读，能够反映出音乐作品所处时代的基本社会面貌和时代精神。

（1）民族音乐文化

在我国，民族音乐文化的教育一直以来都是音乐课程中十分重要的一部分。这一点无论是在国家课程、地方课程还是校本课程当中，都有着明显的体现。中国幅员辽阔，不同自然环境下会孕育出不同的地域文化，而这些不同的地域文化又会孕育出多姿多彩的音乐文化。每一种民族民间音乐文化都是中国传统文化的产物，既能体现中华民族的精神内涵，又能体现出地方的文化特色，是中华民族的瑰宝。通过音乐课程来对这些民族民间音乐文化进行传承和发扬，不仅是对民族传统文化的继承和保护，更是对学生民族精神的培养，是对学生文化自信和文化自觉意识的不断提升，在当今时代有着重要的社会意义。

（2）中西方音乐文化差异

对于音乐文化的理解一定是建立在对民族文化的理解基础之上的。因此，生长在中华民族文化环境下的学生对中国音乐文化往往能够很快接受。但在不了解西方文化的情况下，如果让学生聆听西方的交响乐作品，有可能会造成学生的困惑。但对世界各个民族的音乐文化进行广泛的了解，是提升学生综合音乐文化修养、提升学生文化交流能力的重要保障，因此对世界音乐文化的教学是不可忽视的。

事实上，任何一种艺术都能够反映出民族文化，而在艺术发展的过程中，不同种类的艺术之间往往会产生相互影响，如音乐与诗歌、舞蹈、戏剧之间往往具有一定的关联。因此，引导学生广泛了解各种艺术形式，也会帮助学生更好地理解音乐文化。

中西方音乐文化的差异源于民族文化背景与发展的历史。中华民族的音乐文化从黄帝时期就已经诞生，可以说，每个朝代，音乐文化都会在继承传统的基础上有所创新。值得一提的是，在中国古代，音乐与舞蹈、诗词有着密不可分的联系。《乐记·乐象篇》中说："诗，言其志也；歌，咏其声也；舞，动其容也。三者本于心，然后乐器从之。"由此可见，在古代，音乐与舞蹈、诗词艺术原本是一体；而到宋代之后兴起的戏曲艺术则又充分地体现了三者的再一次结合。

在西方，中世纪的音乐文化可以代表西方社会封建专制时期的音乐文化。这一时期的欧洲文化艺术都在相当程度上受到了宗教价值观的影响。例如格里高利圣咏等，就是典型的宗教文化产物。在中国，几千年来的民族音乐表现出的审美价值形成了单声织体体系，而西方音乐往往以和声、复调、旋律来表达音乐。

中西方在乐器文化方面的差异主要源自不同民族人们对音乐文化的理解和认识。同时，不同的民族文化背景和民族思想情感也在一定程度上左右着乐器的发展与流变。正是因为中国与欧洲国家有着截然不同的历史文化，并持有着不同的生命观、社会观、价值观，才使得中西音乐文化展现出截然不同的面貌。

综上所述，音乐艺术以其独特的内容和方式，渗透到人的全面发展过程中，成为素质教育不可替代、不可或缺的组成部分。实践证明，音乐艺术能使人的心理和情感健康发展，调整、培养和丰富人的情感结构，从而使人掌握接受美、拒绝丑的心理公式，获得健康向上的审美意识。这不仅给人以美的愉悦、美的启迪，更给人以善的指引。音乐就是在“润物无声”的春雨中，渗透到人们的心理、情感等领域，对促进德、智、体、美全面和谐发展具有特殊的作用。

第三节 艺术表现

艺术表现是将个人内心的情感表达出来的过程，因此艺术表现是艺术实践的重要环节。对于中小学生而言，学习音乐表现方法也是提升其艺术审美能力的基本途径之一。通过对音乐表现方法进行学习，学生不仅能够对音乐作品有更为清晰的认识，还能够通过音乐活动与他人展开积极的交流，并在交流的过程中培养自己的人际交往能力，提升团队协作能力。音乐表现的教学对提升学生的情商、帮助学生建立良好的人际关系有着不可忽视的意义。

音乐表现领域的教学内容包括演唱、演奏、综合性艺术表演和识读乐谱四个方面。

一、演唱

（一）演唱教学的地位和作用

歌唱是人类最原始的情感表达方式。歌唱是对语言表达的升华，换言之，当平静的语言已经无法表达人激动的情感时，就会转化为歌唱。在音乐课堂中，歌唱教育也是门槛最低、最适于广泛开展的音乐表演教育。新课标对学生的演唱能力培养提出了明确要求，学生必须掌握基本的演唱技巧，对一些著名的歌曲作品十分熟悉。只有当学生能够在日常生活中自信地进行演唱，才能够将音乐美转化为自己的美感享受。

（二）演唱教学的内容标准

（1）学生能够在日常生活中主动地歌唱，敢于参加各种演唱活动，养成正确的演唱习惯。

（2）学生在演唱的过程中能够表现出自信心，并能够在演唱中融入真挚的情感。在齐唱、轮唱及合唱活动中，能够对指挥的起、止手势和表情等做出正确的反应。

（3）了解变声期基本的嗓音保护方法，在日常生活中注意对自己的嗓音进行保护。

（4）了解常见的音乐风格，能够说出不同风格音乐作品的基本特点，能够简单描述出音乐作品所表达的意境，能够对自己或他人的演唱做出基本的优劣判断。

（三）演唱教学中的基本技能

普通学校的音乐教育虽然与专业音乐教育有着本质的区别，但依然要求学生掌握一定的音乐表演技能。因此，在普通学校当中，音乐审美教育应当与音乐技能教育紧密结合在一起。事实上，如果单纯地开展音乐审美教育，而不要求学生参与表演实践，那么学生对音乐的理解也是浅薄的。因为音乐表演实践是促进音乐理解的重要途径。

演唱技能的教学是多方面的，具体包括演唱姿势、歌唱的气息、咬字吐字、演唱共鸣、发声方法等。只有掌握各种演唱技巧，才能生动地进行歌唱表达。尽管情感表达是歌唱的灵魂，但如果没有掌握正确的演唱技法，即便是有深刻的情感感悟，想要表达出来也是力不从心的。

（四）注重各种歌唱形式相结合

歌曲演唱的形式多样，在教学中，教师可以将常见的几种形式进行结合，并根据不同年龄阶段学生的心理特点，有针对性地进行安排。

在歌唱教学中，最重要的是独唱教学。独唱是考验学生演唱技法掌握情况的重要方式。同时，独唱教学还会对学生的演唱自信进行培养。在学习的过程中，学生可以不断提升自己的心理素质和临场发挥能力。

独唱教学能够反映出学生独立进行音乐艺术处理的能力和学生对作品的理解能力。因此，独唱往往会作为考试的方式之一。对于中小学生而言，进行独唱学习不仅仅是对个人艺术修养的提升，更是为自己日后的歌唱学习打好基础。

除了独唱教学外，合唱教学也十分重要。与独唱教学相比，合唱教学更注重对学生合作意识的培养。在合唱团当中，每位成员必须将注意力分为两部分，即在注意自己演唱声音的同时，还要注意合唱团的整体声音。合唱教学在培养学生和声乐感、集体协作能力方面有着突出的作用。可以说，没有接受过合唱教学的学生，在音乐理解和实践能力方面一定是有缺陷的。合唱教学的难度要比独唱教学更大，这就要求教师必须本着循序渐进的基本原则，在学生掌握基本独唱能力之后再开展合唱教学。而在合唱教学的过程中，应当先进行基本的齐唱教学，在学生能够较好地完成齐唱之后，才能逐步向轮唱过渡。当学生能够掌握单声部合唱之后，再向二声部、多声部过渡。此外，教师必须注意培养学生演唱时看指挥的习惯，只有每位团员与指挥进行默契配合，才能保证合唱团演唱的统一。

（五）关于变声期和嗓音的保护

变声期是每个人都要经历的生理阶段。这一阶段对嗓音的保护直接关系到成年之后嗓音的状态。如果在变声期错误用嗓导致发声器官损伤或长期处于疲劳状态，便会导致发声器官承受力下降，甚至造成永久性的“失声”。一般情况下，人的变声期在 11—16 岁之间，由于不同学生的身体发育状态不同，其变声时间有早有晚。通常，女孩儿比男孩儿更早进入变声期。在这期间，学生在演唱歌曲时会有声音难以控制、不稳定、不持久、易跑调的现象，常出现“怪音”。在变声期后，男孩儿声音变得浑厚，喉头突起并位置下降；女孩儿声音变得更为明亮、柔和，但变声过程较短且不明显。

变声期应从以下几个方面保护嗓音：

（1）在五年级，教师就应当不断强调变声期对学生嗓音的影响，并经常为学生讲解如何进行嗓音保护。

（2）在歌唱教学的过程中，需要特别注意学生的演唱方式，及时制止学生滥用嗓子的行为。

（3）为学生选择音域较窄的作品，防止学生错误用嗓。

（4）注意控制每节课的演唱时间，让学生的嗓子得到充分的休息。

（5）坚持锻炼身体，注意卫生，防止其他疾病的侵入。

日常的嗓音保护对每个人都很重要。尽管日常嗓音保护没有变声期嗓音保护对人的影响大，但如果长期不注意保持良好的用嗓习惯，也会给发声器官造成过大的负担。例如，长期不正确的发声会造成声带小结、水肿，吸烟和饮酒会让声音变得沙哑。因此，教师必须经常提醒学生进行日常的嗓音护理，以引起学生的重视。

平时应注意从以下几个方面保护嗓音：

（1）在唱歌时注意发声方法是否正确。

（2）日常歌唱时间也应当进行控制，避免发声器官过于疲劳。

（3）注意饮食，演唱之前不吃辛辣刺激性食物，演唱之后不喝冷饮。

（4）戒烟戒酒。

（5）注意演唱环节的空气质量和环境卫生。

（6）增强体育锻炼，注意个人卫生，防止呼吸道感染。

二、演奏

（一）演奏教学的地位和作用

演奏是音乐表演的另一种重要形式，在音乐教育中，演奏活动能够帮助学生增强音色辨别能力，并帮助学生建立起立体的音响感受意识。但由于器乐演奏教学需要建立在更高的物质条件之上，这就使得演奏教学受到较大的限制。尽管器乐演奏教学在普通中小学中出现得较晚，但这一教学内容早已在西方发达国家得到普遍认可。随着近几年我国基础教育事业的不断发展，现如今，越来越多的中小学都配置了器乐教学专用教室，为器乐演奏教学在中小学中的普及奠定了基础。因此，如何推动我国中小学的器乐教学，并找到适合我国新时期学生素质发展的教学方法，是当下中小学音乐教学亟须研究的问题。

演奏教学的作用主要表现为以下几点：

1. 激发学生学习音乐的兴趣

演奏是学习音乐艺术的重要途径，因此，自古以来演奏教学都是音乐教学的重要组成部分。演奏教学是丰富学生音乐表演活动的重要方式，在演奏学习的过程中，学生能够进一步了解音乐艺术的基本逻辑，并能够通过对每个乐句的细微处理来体会音乐语言的魅力。在这一学习过程中，学生的学习兴趣会得到提升，并逐渐树立起对音乐学习的信心。

2. 促进对音乐基础知识的学习和理解

器乐教学是以演奏技法教学为基础的，但在这一教学过程中，学生不仅能够掌握正确的演奏方法，还能够将平时课堂上学习的音乐知识运用到具体的演奏实践当中。只有在实践过程中，学生才能够真正体会到音乐基础知识在音乐鉴赏活动中的作用和意义。

3. 提高学生的识谱能力和听觉能力

学生通过练习器乐，可以增强学生对乐谱的识别能力和听觉能力，并形成正确的音程、和弦概念，进而提高视唱练耳水平。

4. 提高学生对音乐的感受、表现和创造能力

演奏训练的教学要求要比演唱和鉴赏教学更高。在教学过程中，教师除了要求学生掌握正确的演奏技法外，还需要培养学生良好的节奏感、音准感、和声感和音色分辩能力。因此，演奏教学是提升学生音乐核心素养的重要方式。通过演奏学习，学生的手脑配合能力、反应能力、肢体协调能力、逻辑思维能力都能够得到明显的提升。

5. 开发学生对音乐的思维能力

器乐演奏是音乐艺术中不可忽视的一种表现形式。音乐语言是全人类共同的语言，因此器乐演奏艺术不会受到语言的束缚。从这一层面来看，器乐是最容易被各民族人民接受的一种音乐形式，而对这种纯音乐的艺术进行鉴赏则必须通过抽象思维来进行把握。所以，在器乐演奏训练中，学生的思维能力会得到相当程度的训练。他们必须强迫自己不断让大脑处于积极状态，并努力去对作品的内容进行解读。在演奏的过程中，学生还会面临肢体动作、音乐思维和心理状态三者的平衡问题，只有恰当地处理好三者的关系，才能为听众带来一场完美的音乐表演。从这里我们能够看出，器乐表演活动本质上是展现个人文化艺术修养、音乐表现技能和个人心理素质的活动，当学生能够展现出优秀的表演状态时，也就证明学生的个人艺术修养、音乐表演技能和心理素质这三方面都得到了提升。

（二）演奏教学的内容标准

（1）学生愿意自觉地参与各类演奏活动，并能够自然、大方地在众人面前进行表演。

（2）学生能够选择适合自己的演奏方式来对作品进行处理。

（3）学生能够对自己或他人的演奏进行恰当的评价。

（三）乐器的选择

对于普通中小学生而言，器乐教学能够选择的乐器种类范围十分广泛。对于低年级学生来说，可以多选择一些打击乐器；中年级学生可选择口琴、竖笛、陶笛等简单易学的乐器。高年级学生则可根据学生特长或学校条件选择电子琴等乐器。此外，教师还可将一些有鲜明地域风格特色的民间乐器纳入学校的教学当中。在有时间的情况下，教师还可鼓励学生进行自制乐器等活动，来提升学生的音乐创造能力。

在音乐课外活动中，一些教学条件较好的学校甚至可以开展乐队教学。例如，组建小型西方管弦乐队或民族管弦乐队等。通过乐队训练，学生能够建立起更加立体的听觉能力，并在提升自身演奏水平的过程中，提升团队合作意识。

（四）器乐教学应注意的问题

第一，明确教学目标。任何教学活动要想取得较好的教学成果，都必须有明确的教学目标。在器乐的教学中，教师首先要明白，音乐核心素养的教学与专业器乐演奏的教学不同。因此教师在指导学生掌握正确演奏技法的过程中，还要注意对学生学习兴趣和音乐感觉的培养。如果像专业演奏训练的教学方式一样，给学生营造出十分枯燥的技能训练环境，那么必然导致学生学习兴趣的丧失，这对音乐核心素养教育是不利的。

第二，注重器乐教学的民族性。在音乐核心素养教学这一总体目标的引导下，教师的一切教学活动都必须紧紧围绕着核心素养的提升展开。这就要求教师需要将那些有民族特色的乐器介绍给学生。如果教师选择教授钢琴等西方乐器的演奏技法，那么也应当将一些具有鲜明中国音乐特色的钢琴作品介绍给学生，让学生在学习器乐的过程中对中国民族文化有更为深入的了解。

第三，选好演奏曲目。演奏曲目选择是否恰当，直接关系到学生的学习成果。演奏学习与歌唱学习和器乐学习不同，教师必须有针对性地对每位学生进行单独指导。如果教学的曲目超过学生的演奏能力，那么学生的演奏必然进行不下去，甚至会导致学生养成错误的演奏习惯；如果选择的演奏曲目低于学生的演奏能力，那么学生又不会获得更多的收获。此外，教师应当坚持少而精的教学原则，让学生克服急于求成的心理。

第四，演奏的教学应当与演唱、鉴赏创作教学相结合。教师可以要求学生一边演奏一边歌唱，并要求学生成立学习小组，各组成员相互表演、相互鉴赏、相互评价。在高年级的教学中，教师还可以鼓励学生进行简单的即兴创作活动，以此来培养学生的音乐学习兴趣。

第五，打好音乐基础，切勿急于求成。音乐绝对不是能够速成的一门学科。即便是学生在接受过多年音乐素养培训后，他们的音乐鉴赏、理解和表达能力依然与专业音乐从业者有着一定的差距。换言之，即便学生已经进入大学阶段，他们在鉴赏一些高难度、逻辑复杂的作品时，依然会感到无法理解。这并非是基础音乐素养教学的失败，而是因为音乐艺术的海洋本身就是浩瀚无穷的，音乐艺术的学习也是无止境的。尤其是器乐的教学更是如此，如果不花费大量的时间不断对演奏技法进行打磨、不断对作品中的每个乐句进行反复思考，在学习和实践的过程中不断对自己的理解能力和表演能力进行提升，就不可能获得高超的演奏能力，也不可能对作品有独到的见解。所以，教师必须明确，在音乐核心素养教育的理念下，教师的教学目的是为学生打好音乐基础，而不是尽力提升学生的艺术才能。

三、综合性艺术表演

（一）综合性艺术表演教学的地位和作用

综合性艺术表演是以歌唱、演奏、舞蹈相结合为基础的表演形式。通常，这种形式的作品会具有一定的故事情节和艺术场景设计。例如，大型歌舞、音乐剧、集体舞、舞剧、曲艺、戏曲等。这些综合性艺术表演能够丰富学生的艺术思维，并让学生获得更多的与他人合作交流的机会。此外，在综合性艺术实践活动的开展过程中，学生之间不免要进行各种协作，这对培养学生集体意识、提升学生人际交往能力、帮助学生形成正确的人际交往观念有着积极的意义。

（二）综合性艺术表演教学的内容标准

（1）学生能够自信地进行综合性艺术表演。

（2）学生能够将课堂中所学的知识运用到综合性艺术表演的排练当中，并充分发挥自己的艺术创新能力。

（3）学生能够合作完成简单的歌剧、戏曲、曲艺片段表演，并能够对自己或他人的表演作出正确的评价。

（三）综合性艺术表演教学应注意的问题

（1）在进行综合性艺术表演教学时，一定要注意内容的安排。所表演的故事情节必须简明，不能耽误太多学生的业余时间。表演内容应当与学生的心理发展相适应。

（2）鼓励学生参与多种形式的表演，尽量让每位学生在表演活动中发挥自己的特长，避免挫伤学生的参与积极性。

（3）鼓励学生将音乐表演与其他学科相结合。例如，在语文课中进行课本剧排演时，可以增加音乐演奏或舞蹈表演的因素；或者为所学的歌曲编排集体舞蹈等。这样的教学方式不仅进一步突出了这种艺术形式的综合性特征，更能够极大地开发学生的想象力、培养学生的创新精神。

（4）鼓励学生在排演的过程中发挥创造性。在排演过程中，要求学生将自己的创意融入其中，如在场景的布置、人物关系的安排、服装的设计、剧情的发展等方面，都进行积极的创新。通过这样的教育，能够让学生获得更多展示自己才华和创意的机会，从而培养学生的表演自信。

（5）教师应当强调重在参与观念，鼓励每位同学参与表演活动，并尽量让每位学生都能够在表演活动中得到锻炼。此外，教师可以特别鼓励那些有音乐表演天赋的学生抓住机会，为自己积累舞台经验，为这些学生日后走向专业的音乐学习奠定基础。

四、识读乐谱

（一）识读乐谱教学的地位和作用

乐谱是音乐的物质载体，是记录音乐和学习音乐的重要工具。即便是对于普通学校的中小学生而言，如果不具备基本的识谱能力，他们便无法顺畅地进行音乐学习。在具体的教学过程中，读谱、识谱教学必须与音乐表演教学相结合。学生在进行音乐表演实践的过程中能够反复加强记忆，并在相对愉悦的氛围和相对轻松的精神状态下提升识谱学习的效率。

识读乐谱教学的作用主要表现为以下几点：

1. 能够加深对音乐的感受和理解

识谱教学是音乐教学的基础，通过识谱教学，学生不仅能够获得基本的音乐自学能力，还能够提升学生的音乐记忆能力和音乐思维能力，使学生能够独立地进行音乐鉴赏活动。此外，养成良好的读谱习惯对学生日后的音乐学习有着重要的作用。

2. 能够提高运用乐谱的能力

只有当学生有一定的识谱和听觉分辨能力后，他们才能够根据自己的意愿学习歌曲或器乐曲。此外，学生们还可以在老师的指导下参与音乐创作活动，将自己脑海中的音乐通过乐谱记录下来。

3. 能够为音乐的创作打下基础

识谱能力强弱在一定程度上会限制学生之后的音乐学习程度。尤其到高年级阶段，如果学生识谱能力较弱，则无法参与音乐创作的学习和实践。即便他们能够在音乐实践的过程中产生不错的音乐灵感，也很难捕捉到它们。乐谱是承载音乐艺术的重要载体，也是音乐表达的重要工具，只有重视乐谱的学习，才能为音乐创造力的培养打好基础。

4. 打好独立学习音乐的基础

掌握音乐知识和技能是学习任何一种形式音乐的基础。只有当学生掌握一定的音乐知识后，他们才能在课后独立完成音乐实践活动。

5. 培养音乐注意力、记忆力和形象思维能力

音乐读谱能力是音乐鉴赏的基础。事实上，当学生对音乐基础知识十分生疏时，他们在进行音乐表演实践的过程中不得不将大部分注意力集中在识谱上，导致他们无法获得良好的审美。只有在学生具备一定的识谱能力的基础上，他们才能更好地进入音乐鉴赏状态。

（二）识读乐谱教学的内容标准

（1）用学生熟悉的旋律来教导学生进行唱谱。

（2）要求学生能跟着钢琴进行视唱。

（3）在学习过程中不断提高学生的识谱速度和乐谱运用能力。

（三）识读乐谱教学应注意的问题

1. 要正确认识识读乐谱在音乐教学中的地位

传统的音乐教学理论格外重视识谱能力的培养，事实上，识谱能力确实是学生进行音乐学习的必要基础。因此，过去的音乐课程在每个学期都安排了专门的基本乐理知识教学课时。事实上，这样的课程不仅无法调动学生的学习积极性，反而会在一定程度上挫伤学生的学习自信，导致学生将乐理学习当作很难完成的任务。事实上，乐谱是进行音乐学习的工具，拥有良好的识谱能力代表学生能够熟练地运用这种工具进行音乐学习、参与音乐活动。但我们的学校音乐教育不仅仅是音乐技能的教育，更是音乐核心素养的教育。因此，在教学过程中应当将识谱教学放在恰当的位置，并与其他教学形式相结合，使枯燥乏味的理论教学变得生动活泼。

2. 合理使用五线谱和简谱

在音乐教学中，采用五线谱还是简谱一直是一个有争议的问题。五线谱和简谱是我国中小学音乐教育中最常用的两种记谱方法，这两种记谱法都是有学习价值的。其中，简谱的学习能够帮助学生更多地接触民族音乐，而五线谱的学习则能够帮助学生广泛学习世界音乐。

3. 识读乐谱教学应尽早进行

儿童时期是进行智力开发的最佳时期，这一时期对儿童进行音乐教育，能够极大地提升学生的思维能力。在儿童时期进行识谱教育，可以尽

早帮学生熟悉乐谱，帮助学生消除对乐谱的陌生感，为学生日后独立自主地进行音乐学习奠定基础。当然，由于这一时期学生心智尚不成熟，不能集中注意力，因此，教师应当采用生动有趣的方式来为学生进行讲解，且注意每节课讲授的内容不能太多，不要给学生造成太大负担。

4. 要注重识读乐谱教学的趣味性

在以往的教学过程中，单调乏味的教学方法使许多学生对乐理知识的学习产生畏惧心理，尤其是那些意志薄弱的学生，很容易放弃学习。所以，在普通学校当中，实施趣味性教学对提高学生整体识谱能力有着重要意义。

5. 要把识读乐谱教学和演唱、演奏、欣赏相结合

要善于运用教学内容的内在联系，将乐谱识读融入歌唱、表演、欣赏教学中。我们可以用所学的歌曲或器乐曲来作为识谱训练的材料，也可以让学生跟着钢琴进行演唱。在鉴赏音乐时，教师可以要求学生跟着音乐的旋律在心中默默哼唱。这些训练都能够在一定程度上提高学生的乐谱识记能力，并对培养学生的乐感起到不小作用。

6. 要善于记录乐谱

所谓记录乐谱，即将听到的旋律用乐谱记录下来。记录乐谱的难度较高，不仅要求学生对基本乐理知识十分熟悉，还要求学生具有良好的听力和音乐记忆能力。一些教师认为，旋律的听写属于专业音乐教育的内容，对于普通中小学生而言难度过大，因此不应该纳入课堂教学当中。但事实上，如果进行一些简单的听写训练，能够给那些对音乐有较高兴趣的学生带来更具挑战性的学习机会，并在一定程度上拓宽学生的音乐学习视野。因此，在高年级的教学中，完全可以适当地进行听写训练。

五、音乐创造

（一）音乐创造教学的地位和作用

人类社会的发展正是在人类连续不断的创造活动过程中逐渐推进的，可以说，创造活动是人类所有文化艺术发展的原动力。在新课标中也明确指出：“创造是艺术乃至整个社会历史发展的根本动力，是艺术教育功能和价值的重要体现，创造是发挥学生想象力和思维潜能的音乐学习领域，是学生积累音乐创作经验和发掘创造思维能力的过程和手段，对于培养具有音乐实践能力的创新人才具有十分重要的意义。”

（二）音乐创造教学的基本内容

音乐创造所涉及的范围十分广泛，除了音乐创作外，在表演、鉴赏等领域都会涉及音乐创造活动。例如，音乐表演者对作品的细致处理被称为“二度创作”，而音乐鉴赏过程中，聆听者从作品中获得的感悟也是建立在个人的艺术创造思维上的，因此被称为“三度创作”。此外，根据音乐的律动进行音乐舞蹈编排，将音乐与情景剧等表演艺术相结合，都可看作是音乐创造活动。新课标将音乐创造教育归结为两大类：其一是与音乐有关的发掘学生潜能的即兴活动，它又包含了探索音响与音乐、即兴创造两项内容；其二是运用音乐材料创作音乐，即创作实践，它与音乐创作有关，但又区别于专业的创作学习，只是用来开发学生的创新思维能力和实践能力。

1. 探索音响与音乐教学的内容标准

（1）学生可以运用人声、乐器声或其他音源材料对特定的音乐情景进行表现。

（2）学生能够对自己或他人创造的音响作出正确评价。

2. 即兴创造教学的内容标准

（1）学生能够即兴编唱短小的歌曲。

（2）学生能够根据作品的基本情绪和音乐风格进行其他的即兴编创活动。

3. 创作实践教学的内容标准

（1）学生能够独立地或与他人合作创作 8 小节左右的短曲。

（2）学生能够为歌曲即兴编创前奏或间奏。

（三）音乐创造教学应注意的问题

1. 注重学生个性的发展

进行中小学的音乐创造教学，最核心的目标并非教会学生如何创作音乐作品。事实上，让每位学生都学会复杂的作曲技法是不切实际的。因此，创造教学的目的应当是培养学生的创新精神、发展学生的创意思维，并在引导学生参与创作活动的过程中培养学生的实践能力。在进行创造性教学的过程中，教师一定要鼓励学生采用多元的眼光来审视作品，并对有新意的学生作业进行表扬。当然，也不能轻易否定看似不合理的创造，更不可给学生制定所谓的“标准答案”。只有为学生营造一个宽松的学习环境，才能最大限度开发他们的创造潜力。

2. 认清音乐创作的真正含义，破除神秘感

一直以来，音乐创作都被当作专业音乐教育的内容，在普通中小学的教育中很少涉及。正是因为这样的思想，才导致学生们往往觉得只有那些天赋异禀的学生才有资格学习，甚至对作曲产生神秘感，以为作曲就是作曲家灵感一现的产物。事实上，作曲活动本身有着严密的逻辑思维，并不是单纯依靠天马行空的想象力。对于普通中小学学生而言，进行音乐创作的教学并非要像专业的作曲教学那样，而是引导学生创作简单的音乐，并通过这种方式让学生掌握音乐创作的基本原理，增强学生对音乐的理解能力，并提升学生的创新能力。我国著名教育家刘佛年曾说：“什么叫创造？我想只要是有一点新意思、新思想、新观念、新设计、新意图、新做法、新方法，就可称得上创造，我们要把创造的范围看得广一点儿，不要看得太神秘。”

3. 具备必要的音乐知识和创作技能

对于普通的中小学音乐教育而言，音乐创作教学的目的并不是让学生创作出多么优秀的音乐作品，而是引导学生体验音乐、理解音乐，让学生对音乐艺术产生兴趣。所以，鼓励学生发散思维、积极想象，是音乐创作教学的基本理念。然而，它不是随机创造，也不是天马行空的胡思乱想。教师必须传授学生基本的创作技能。如果在学生毫无创作知识的情况下就进行所谓的创作活动，那么他们不仅会毫无成果，甚至会对音乐艺术产生错误理解，轻视那些历久弥新的伟大的作品。

第四节　文化理解

一、音乐与相关文化教学的地位和作用

在音乐课程中，教师应当着重凸显相关音乐课程的文化属性，即让学生意识到音乐艺术不是一种孤立的艺术形式，音乐和文学、戏剧、舞蹈、美术等艺术都有着千丝万缕的联系。任何一种艺术的发展都离不开社会文化的影响，正因为此，每个历史时期的各种艺术门类在艺术风格表现上又有相似性。对于中小学生而言，广泛了解各种音乐文化，能够拓展学生的文化视野，培养学生的文化包容意识，提升学生的文化理解能力。从这一角度来看，音乐的教学与文化教育是不可分割的，正是因为音乐中包含了丰富的文化内涵，才使得音乐艺术内容丰富，并展现出迷人的魅力。

二、音乐与相关文化教学的内容与要求

音乐艺术是人类社会发展的产物，这就使得音乐本身具有鲜明的人文学科属性，并展现出广泛性特征。事实上，文化广泛性特征不仅在音乐艺术中能够得到体现，诸如美术、文学、历史、地理、物理、数学、宗教等学科，都存在这样的特征。音乐与相关文化的教学虽然在某些方面有自己相对独立的教学内容，而更多情况下它又蕴涵在音乐的鉴赏、表现和创造活动之中，这一领域教学目标的实现，必须通过对具体的音乐作品进行鉴赏和分析，或是参与具体的音乐实践活动来完成。音乐与其相关的文化所涉及的内容也十分广泛，这些内容在音乐与人生、音乐与社会生活、音乐与个人情感体现等多个方面都能够得到体现。

（一）音乐与社会生活

音乐是人类社会独有的一种文化形式，音乐的诞生与人们的社会生活有着密切的关系。可以说，正是丰富多彩的人类社会生活才造就了丰富多

彩的音乐文化。音乐诞生于人类社会，又反作用于人类社会，其不仅能反映出特定时期人类社会的基本样貌，更能够对当下社会的发展产生重要影响。就这方面而言，音乐能够对社会进行美化、对人际关系进行调节，并在一定程度上影响着社会的政治、经济发展。事实上，自古以来，中国人便十分重视音乐的社会功能和教化功能，所谓“移风易俗，莫善于乐”，即指音乐艺术的广泛流传能够帮助人们建立起新的民风民俗，这里肯定了音乐艺术具有潜移默化的精神感染力。在当代的中小学音乐教育中，发挥音乐艺术的社会功能，让学生通过了解音乐艺术来广泛了解社会，具有不可忽视的时代意义。学生在参与音乐实践活动的过程中，能够间接地接触到社会生活，这便会为学生打开社会交际的大门。通过音乐实践活动，学生会更加热爱生活、更敢于进入社会以及敢于与人交往。

音乐与社会生活教学的内容标准是：

（1）帮助学生养成在日常生活中聆听音乐的习惯，要求学生能够体会到音乐对自己日常生活的重要影响。

（2）学生能够自觉地通过各种媒体渠道来关注各种音乐文化，逐步积累音乐信息，并能够与同学和老师进行音乐文化的交流。

（3）学生在参与各种社会音乐活动的过程中，能够对艺术家的表演作出正确的评价。

（二）音乐与姊妹艺术

音乐艺术的姊妹艺术种类繁多，最常见的有戏曲、曲艺、舞蹈、美术、影视等。音乐是声音艺术，而美术、舞蹈等则是视觉艺术。因此，将声音艺术与视觉艺术相结合，能够极大地丰富艺术表现力，并为观者带来更加全面的视听体验。这正是舞蹈艺术通常需要音乐伴奏的主要原因。而美术与音乐结合的形式则更为丰富，如音画视听展览会、多媒体艺术、展示空间设计等，艺术家通过构建一个多维度的艺术空间，能够让观众有身临其境之感，从而更好地体会到艺术家的创作意图。

音乐与姊妹艺术教学的内容标准是：

（1）学生能够说出声音艺术与视觉艺术在表现手法上的差别。

（2）学生能够在观看影视作品时，对里面的音乐作品进行认真聆听，并对音乐与影视内容之间的关系进行正确解读。

（3）学生能够将音乐艺术运用到班级文艺活动当中，并展示出自己的创意。

（三）音乐与艺术之外的其他学科

音乐与艺术之外的其他学科之间也并非没有任何联系。音乐艺术会在一定程度上受到文学、历史、地理、体育、数学、物理、生物、化学等学科的影响，并从这些学科的最新研究成果中获取自身创新的灵感。在当代的中小学音乐教育当中，将音乐课程与艺术之外的学科进行综合，也是音乐学科教学创新的重要体现。在这种综合性的教学形式下，音乐课程的教学内容得到了进一步充实。而对于学生来说，他们不再将音乐看作是一种"副科"，并能够意识到音乐艺术是日常生活中不可缺少的元素。当学生能够从文化层面去理解音乐时，他们也就有了较高的音乐审美能力，能够以较为成熟的眼光来看待各种文化艺术，并总结出自己的独到见解。

音乐与艺术之外的其他学科教学的内容标准是：

（1）学生能够深刻地体会到音乐艺术对人基本情绪产生的影响，并能够在日常生活中利用音乐来消除自己的不良生活情绪。

（2）学生能够正确看待音乐与语言艺术之间的关系，在参与文化艺术活动时，能够正确地运用音乐为自己的艺术创作或表演活动增光添彩。

（3）学生能够将自己所学的其他学科知识与音乐艺术相联系，并能够理解不同文化环境下诞生的不同音乐艺术。

三、音乐与相关文化教学应注意的问题

（一）要注重实践的作用

音乐教育必须注重实践性，教师在日常教学中，应当将重点放在引导学生参与各种音乐实践活动上，并要求学生在参与活动的过程中感受音乐与相关文化之间的关系。在这一过程中，学生的文化理解能力也会得到进一步的提升，并能够更好地对音乐作品的情感与内容进行把握。例如，教师可以组织学生观看音乐文化相关的影片，或组织学生聆听音乐会，并要求学生在课后写一篇观后感。通过广泛地参与各种社会音乐实践活动，学生会逐渐体会到音乐文化与社会文化之间的密切关联，感受到不同地域文

化背景下音乐艺术的差异，从而探索丰富自己的音乐文化阅历。

（二）在学科综合的基本理念中突出音乐文化主线

音乐艺术与相关文化进行结合的教学理念体现了当代中小学音乐教学的综合性特征。在这种理念的引导下，教师的教学活动不再拘泥于课本内容，教学的手法也日益多元，并注意为学生营造一个宽松、自然的学习环境。在这样的学习环境下，学生能够更加深入地对音乐作品进行理解，学生的学习积极性和主动性也会得到不断提高。

（三）注重运用多种教学方式和手段

音乐艺术与其他艺术之间有着不可忽视的联系，所以，在进行音乐艺术的教学时，教师也必须将音乐艺术与其他文化相结合，并采取多样化的手法来推动教学活动。例如，在条件许可的情况下，教师要努力为学生创造参与社会活动的机会，帮助学生体会音乐与社会的关系；教师可采取不同的方式来引导学生了解其他艺术形式，并帮助学生理解音乐艺术与其他艺术之间的联系。在具体的课堂上，教师要充分发挥先进的教学设备的作用，将讲解、练习相结合，从而帮助学生更好地理解音乐艺术与音乐文化。

四、走向文化理解的音乐教育改革

当代社会是一个多元文化共同繁荣的社会，这也体现了当代社会和平与发展的时代主题和包容的文化心态。在这样的时代背景下，每一种文化都应当得到人们的尊重，每个文化圈中的人们也都希望自己的文化能够被全世界人民所接受和关注。这种文化现象也体现出文化的现代化发展。在这样的社会文化背景下，音乐艺术的教学也必然展现出文化现代性特征，具体表现为各个民族的音乐文化逐渐从其原生的文化语境中脱离出来，并以崭新的姿态走向世界舞台。在这一过程中，各个民族的音乐文化逐渐表现出思想更为客观、价值表达更趋向中立的特点。也只有这样，才能真正实现文化的融合，实现不同文化环境下人们之间的和平相处。

面对现代性所引发的诸多问题，教育研究者明白，音乐不能游离于它的社会环境而独善其身。随着社会的进一步发展，音乐文化也逐渐衍生出新的意义，而现如今，社会音乐艺术中文化理解的缺失问题严重，可以说是阻碍当代中国音乐文化发展的主要问题。为了解决这一问题，广大音乐教育工作者必须认识到音乐教育是建立在文化教育基础之上的，脱离文化教育的音乐教育会变成单纯的技巧训练，这显然是不符合素质教育理念的。所以，我们必须放弃无视音乐文化价值的教育方式，将教学重点从知识的灌输转向音乐文化的构建。

（一）文化理解是当代国际音乐教育发展的主要思潮

2017 年，联合国教科文组织在最新的教育政策性文件《反思教育》一书中提出：文化多样性如今已成为促进人类可持续发展的宝贵资源。在生态文明的视野下，国际音乐教育领域正发生着深刻的变革。

以文化理解为目的的多元文化音乐教育已成为国际音乐教育的主流理念。从历届国际音乐教育大会的主题和音乐教育的发展历程不难看出，国际音乐教育学会和教育研究者都从多层次、多角度对音乐教育进行了反思和探索，并强调“文化中的音乐和音乐中的文化”这样的概念。从这里我们也能够看出音乐教育工作者对音乐文化构建的重视。音乐文化的发展除了继承传统外，还必须不断推动其在当代的创新，只有能够反映时代风貌的音乐文化，才能够满足当代人的音乐审美需求。随着素质教育的进一步推行，音乐文化理解的教学已经在中小学阶段得到落实，并获得了初步成果。具体来讲，这一改革主要体现在以下两个方面：

1. 音乐观：从艺术到文化

音乐作为人类社会固有的艺术形式，自诞生之日起就与人类精神和现实生活息息相关。无论是一个独立的个体还是一个群体，他们都有自己的音乐价值判断标准和尺度。一般来说，当我们要对某种音乐艺术的价值进行判断，首先要分析音乐价值的主客体关系。就这一问题而言，不同的学者往往会有不同的看法。

早在 19 世纪中期，汉斯立克（Eduard Hanslick）作为奥地利当时著名的音乐美学家，曾在研究西方古典音乐美学的基础上，提出了自律论音乐美学这一理论。他曾对自己提出的这一理论进行了这样的解释：“音乐的美存在于乐音以及乐音的艺术组合之中。”从他的这段话中，我们能够体会到，他本人认为，音乐艺术的价值主要是从音乐文本中体现出来的。尽管音乐艺术与社会发展和时代演变有着不可分割的关系，但对音乐文化的研究与解读不应该归属在音乐教育的范畴，而应当归属于音乐史或艺术史学科。可以说，这一思想观念是19世纪西方音乐美学思想影响下的产物，从这一角度来看，这种思想观念的出现也是历史发展的必然结果。站在今天的角度，我们要能够理解其理念中存在的局限性，并能够结合当代社会现实，抛开局限性来看事物发展的本质。只有坚持以辩证的眼光来看问题，才能真正解释事物发展的本质特征。

从20世纪后期开始，人类的工业文明得到了迅速发展，科学技术的进步给文化艺术领域带来了不小的影响。在这种时代背景下，音乐艺术与其他科学领域展开了广泛的交流，并从各个领域中汲取营养来对自身进行充实。这一点我们从现代音乐的风格特征和基本形态中就能得到证实。随着人文社会科学领域反思潮流的兴起，汉斯立克的美学理论受到人们的质疑，相关学者先后提出了不同的见解。在学者们的推动下，音乐学、音乐教育学等学科都建立起新的音乐文化概念。

在音乐教育领域，相关人士针对以往在教育实践过程中存在的局限进行了讨论，并试图拓宽眼界，将教育的重点放在音乐文化这一更为广阔的领域。自此以后，人们对音乐艺术的认识不再局限于音响层面，并逐渐意识到音乐艺术对人的精神世界所产生的重要作用。❶ 后来，音乐人类学家们从人类对音乐艺术的需求角度入手，对音乐艺术展开更深刻的探讨。在他们的倡导下，人们开始使用音乐一词的复数形式（Musics）来对不同文化背景下的音乐艺术进行描述，这等于承认了各个民族音乐文化的合法性与正当性，对推动人类音乐文化的融合发展和多元音乐文化的共同生存有着不可忽视的意义。

布鲁诺·内特尔是美国著名的音乐人类学家，他曾于1992年在一次国际音乐教育学会大会上提出，一个社会的普通音乐教育不应该是以所谓专业音乐为基础。艺术并不仅仅是技术，它负有文化核心的紧密关系，一个社会联系它情感生活的音乐方式，几乎很少涉及音乐的专业性质。❷ 从这

---

❶ 洛秦．音乐人类学的历史与发展纲要［J］．音乐艺术，2006（01）．

❷ 管建华．音乐人类学家布鲁诺·内特尔的后现代音乐教育思想［J］．黄钟（武汉音乐学院学报），2004（04）．

里我们能够看到，在内特尔看来，音乐现象是社会文化发展的产物，因此，他本人更倾向将音乐现象看成一个有机的文化体。音乐人类学的研究成果为我们进一步研究音乐文化现象拓展了思路，使得人们开始对音乐这一事物产生了新的理解，这种新理解甚至动摇了人们的基本音乐观念。随着人们对音乐文化的日益重视，越来越多的理论研究者和音乐教育者开始将音乐作为一种人类社会独有的文化现象来进行研究，这也直接推动了音乐艺术融入人们的日常生活。

不可否认的是，无论在任何时代，艺术与文化都是不可分割的。艺术是文化的载体，是文化的更为具象的一种表现形式。正因如此，不同的文化才会衍生出不同的艺术，不同的艺术也能够鲜明地反映出不同的文化内涵。在民族文化视域下，音乐艺术便是彰显民族文化的重要形式，对民族音乐的研究也应当建立在对民族文化的解读之上。

2. 学习观：从体验到理解

音乐课程的文化理解范式属于一种基于人文学科的课程范式。从这一角度来看，要在音乐教育中落实文化理解教育，就要促进学习主体与音乐艺术之间的内在性交流与沟通。只有当学生能够与音乐作品本身产生精神上的互动时，他们才能真正从中体会到作品中蕴含的深刻思想情感。

20 世纪 80 年代之后，由于这一时期审美音乐教育哲学过分强调音乐的艺术性，而忽视了音乐的社会性，所以，人类对音乐的学习过程局限于聆听和欣赏。在这种情况下，人与音乐的关系成为欣赏活动中的最基本的主客体关系。在这一时期，西方古典音乐被认为是人类音乐文化的“主流”。显然，这是一种相当狭隘的观念。值得一提的是，这一时期的美国正是多元文化繁荣发展的时期，广大美国人民逐渐能够接受来自各个民族的音乐文化，尤其是爵士乐的出现和广泛流传，使得人们的音乐文化思想得到进一步的开发。在多元文化思潮的冲击下，传统的音乐教育哲学和审美观念逐渐开始动摇。埃利奥特曾专门在他的著作《关注音乐实践：音乐教育哲学》中，详细地论述了基于音乐人类学的实践音乐教育哲学，并明确表示，过去的音乐教育审美理念是落后的、过时的，应该尽快摒弃。他曾这样解释过自己的理念：“富于表情的音乐活动和深刻的音乐聆听包含着多维度的、互为关联的、连贯一致的、生成的、开放的、育人的思维和认识形式，所有这些，方可称为音乐理解。”从埃利奥特的论述中，我们能够体会到他的学术思想的精髓之处，即学生进行音乐学习的目的是进一步提升自己的音乐理解能力，并对自己的音乐艺术实践经验进行不断丰富。可以说，在当时，埃利奥特的理论已经颇具远见，并已经开始倡导音乐的学习要和学生的日常生活紧密结合，要让学生在日常生活中运用音乐、体验音乐、享受音乐。从他的音乐教育思想中我们也能够窥探到当代音乐教育发展的基本方向。以上是当代社会对音乐教育所提出的新要求，也可被看作是音乐教育在哲学理论层面上做出的诸多新的努力和探索。就目前而言，新时期的音乐学习观的树立要建立在反思“欧洲音乐中心论”的基础之上，此外，还必须在教学过程中发挥教师与学生间广泛沟通的作用，帮助学生更好地认识音乐艺术、理解音乐文化，并以多元化的视野来审视全人类的音乐艺术作品。

总而言之，随着音乐人类学理论研究的不断发展和多元文化的共同繁荣，音乐教育已成为当代社会教育的重要方面，是完善人格、提高人的文化素养的重要途径，也是提升人们生活质量、丰富人的精神世界的重要手段。随着我国素质教育事业发展日益完善，广大教师对学生的核心素养培养问题的关注度日益提升，音乐教育也找到了新的立足点。在当代，我们必须拥有多元的音乐文化意识，并时刻关注本土音乐文化的传承与再生，才能为学生营造一个良好的音乐学习氛围，并帮助学生建立起符合当下时代特征的音乐文化观念，为他们日后进入社会打下良好的文化基础。

（二）文化理解是体现音乐文化多样性的基本途径

当我们谈论音乐时，不同的人在他们的头脑中会浮现出不同的艺术形象，每个人对音乐艺术的理解都是不同的，其对音乐文化价值的解读也各有差异。因此，音乐不应被视为一个独立的艺术，而应被视为一个更广泛、更丰富的体系。

学习音乐，需要理解或认同多元文化主义，才能深入挖掘音乐现象的文化价值，为文化价值的再创造做出贡献。音乐教育所追求的文化理解，就是要使学生真实地感知、体验音乐，并参与到多彩的音乐文化实践活动当中。

1. 音乐类型的多样性

随着信息技术的快速发展和传媒技术的不断更新，学生在日常生活中能够通过各种渠道接触到音乐艺术。在网络技术的支持下，学生可以随时随地聆听各种类型的音乐作品，诸如中国传统音乐、民族民间音乐、西方古典音乐、流行音乐、爵士乐、摇滚乐、美国乡村音乐、世界音乐等。此外，学生在观看影视剧、戏曲、舞蹈等演出时，也能够接触到音乐艺术。

然而，随着音乐艺术类型的不断丰富，对音乐文化的定义也就越来越多元。内特尔站在音乐人类学的角度，对音乐艺术进行了分类，即民间音乐（包括部落音乐，土著音乐或古代音乐）、非西方音乐和民间音乐、研究者自身文化以外的所有音乐、口头传统中的所有音乐、某一特定地区的所有音乐、被特定人群视为其特性的音乐、所有当代音乐和所有人类音乐。相比较而言，内特尔提出的这种音乐分类方法可以说是跳出了人们通常的思维方式，甚至是抛弃了传统的价值观念。在这种理念下，“东方音乐”与“西方音乐”这一对对立的文化因素在一定程度上被消解，人们能够站在全人类的角度来对音乐文化进行理解，从而构建出多元的世界音乐文化体系。

通过上述的比较，我们能够意识到，当代的音乐教育必须秉持开放包容的心态，对其他民族音乐文化中的精华进行借鉴和吸收，并深入挖掘本民族音乐文化的内涵与价值。只有这样，我们当代的民族音乐艺术才能与时俱进，并彰显出时代的气息。

2. 音乐风格的多样性

不同音乐风格的形成，与人类文化的发展、地方文化的个性和特点密不可分。思维方式在人类音乐文化行为中起着关键性的作用，研究不同音乐风格在其音乐文化语境中的表现，对于深刻认识人类音乐文化的多样性，促进音乐艺术的文化理解、发展和交流具有重要意义。

以中国传统民族音乐为例，地域性特征可谓是中国民间音乐最重要的特征之一。不同的地理环境和不同的风土人情塑造出人们不同的性格特征。而当人们将自己的性格特征和思想感情注入音乐作品后，就表现出不同的艺术风格。中国民间音乐作品中，同一首乐曲往往会有多个版本。例如，在河南筝派和浙江筝派的著名作品中，都有《高山流水》这部作品。但两个流派无论在音乐旋律发展、艺术风格还是演奏技法上都具有明显的差异。正是这种差异才凸显出不同地域环境下人们独特的思想情感和审美心态，这正是中国传统音乐的多样性体现和魅力所在。

我国古代的燕赵地区处于平原地带，在这一地理环境下，农耕文明得到了很好的发展。因此，这一地区的人们自古以来都会用音乐来描绘田园景象、用音乐来庆祝丰收；而在吴越地区，由于这一带拥有丰富的水资源，且民风淳朴，因此，民间音乐也表现出细腻柔和的风格，这些风格特色在越剧、苏州评弹、江南丝竹中都有鲜明的体现；而秦陇地区的音乐则表现出悲壮、苍劲、刚强的音乐风格，这与当地的文化历史发展和自然条件也有着直接关系。

通过以上分析，我们可以理解为什么融合或分离是过去音乐文化教育的主要方式。因为每一种音乐风格都有自己的文化特征和发展方向，通过对不同风格的音乐作品文化层面的分析，我们能够对作品产生更加深刻的理解，也能够体会到不同时期我国人民的生活情感。众所周知，西方音乐文化与西方宗教文化有着千丝万缕的联系，那么，如果能从他们的宗教中获得对欧洲音乐的解读，就可以在他们的地域或文化体系中恰当地探究音乐风格形成的原因，这对我们学习和鉴赏西方古典音乐有着重要的意义。

3. 音乐审美的多样性

根据哲学家维特根斯坦后期的哲学思想，他发现：现实生活中的语言与特定生活形式和实践的关系密不可分，同样的表达形式，在不同的语境中可以有不同的定义。[1] 如果我们把语言置换成音乐，也就不难看出这其中对音乐审美的多样性意义的阐释。

事实上，在过去相当长一段时间里，我们都对音乐教育的概念和音乐审美的概念认识模糊，甚至在相当程度上忽视了音乐对人类社会产生的重要影响。在这种局限的思维影响下，人们通常将音乐艺术分为两大类，即“学院派”的高雅音乐艺术和民间流行的不具备审美价值的音乐。这种思想在一定程度上妨碍了人们对音乐文化根源的探究。音乐文化的创造者并非是那些世界知名的音乐家，音乐文化是全体人民群众共同创造出来的，是社会、时代和人共同作用的产物。因此，对音乐文化的解读绝不能脱离社会，不能脱离社会中的人。

当我们对其他民族的音乐进行审美时，我们事实上是在进行一种跨文

[1] 涂纪亮．维特根斯坦后期哲学研究［M］．南京：江苏人民出版社，2005.

化的理解。在这一过程中，如果我们不了解这种文化的基本特征，不能理解这种文化表现背后的文化内涵，就会出现文化审美的冲突。而在全球文化交流日益频繁的今天，音乐教育必须要以培养学生的多元文化理解能力为基本目标，只有这样，才能真正提升当代青年的文化素养，为他们日后成为祖国和人类文明的建设者打下坚实基础。

虽然对于任何一个人而言，对音乐艺术的审美都是从音响层面入手的，但这并不是音乐审美的全部。尽管如此，我们在初学阶段，还是常常会被曲式、和声、表现力等外观因素困扰，无法跳出音乐作品来体验音乐艺术的深刻含义。我们不否认任何一种音乐表演、音乐创作或音乐审美活动都是建立在特定的技法和实际存在的音响基础之上的，但如果忽视了音响之外的价值，音乐艺术的可鉴赏性便会大幅度降低。

因此，对于音乐教育而言，我们不能简单地将音乐看作一种具有艺术形式的审美对象，也不能只看到音乐艺术的听觉审美价值，抑或是将音乐艺术的“美”看作是由某些审美要素构成的事物。显然，这些看法都是对音乐艺术的误解，只有从文化层面对音乐艺术进行解读，音乐的价值才能得到真正的体现。

（三）文化理解是构成音乐学科核心素养的基本要素

1. 中国音乐文化的自我认同

就我国音乐文化的教育而言，一直以来都存在着一种发展悖论。下面我们将以我国少数民族的音乐教育为例，对这一问题进行探讨。

一些学者曾认为，现如今，中国少数民族音乐课程主要表现为一种“内容整合”和“知识建构”的学问中心课程范式。中国少数民族音乐课程常常是作为一种材料被置于课程体系中，主流的音乐价值观和理论体系成为统摄课程的中心话语。中国少数民族音乐在实现了教育选择后，却面临着文化身份消解的危机。

在现代音乐教学习惯的影响下，音乐教师往往不自觉地套用西方音乐理论体系，对具有民族文化特色的音乐进行分裂和肢解。在不平等对话的前提下，我们会下意识地对音乐价值作出判断。比如，我们简单地认为符合西方音乐理论体系审美要求的东西是好的。如果与此相反，则必然是一种不具有审美价值的音乐作品。这样的观念只会导致音乐文化发展的单调趋同，从而导致文化认同的逐步消解。

其实，音乐教学最根本的部分就是强调音乐文化的主体性，构建具有民族特色的学术话语体系。在日益复杂的全球文化交流过程中，只有对自我有了清晰的定位，才能清晰地认识自我与他者的差异，才能进一步实现音乐教育文化价值的最终目标。也只有做到这一点，我们民族的音乐文化才能够真正得到发扬，民族的文化自信才能真正得到建立。

2. 世界音乐文化的他者认同

音乐是人类社会独有的文化现象，这种文化现象不会受到语言的束缚，不会受到地域、民族的限制。因此，我们将音乐语言看作是全人类共同的语言。

当我们面对某一陌生的事物时，我们首先必须选择一个角度来对这一事物进行观察，这就是所谓的观察视角。通过了解物理学基础，我们不难理解，当我们观察一个事物时所选的参照物不同，我们所得出的结论也是不同的。

同样，在我们学习某种音乐艺术时，我们也会不自觉地采用自己熟悉的文化思维来观察这种艺术。这就导致我们对任何一种音乐艺术的理解都会受到自己的文化知识积淀的影响。换言之，就是会受到特定文化语境的影响。在当代的解释学中，伽达默尔认为在理解的过程中需要对他人的和文本的前判断，即“前见”进行区分辨认，并始终怀着开放的形态。换言之，即指我们既要广泛采纳他人的见解，也要将自己的见解与他人见解相结合，从而总结出一种归纳性较强的结论。以此，当我们希望站在今天的角度来对世界音乐文化进行认识时，首先我们必须要认识到，任何一种音乐文化都存在着对其进行理解和解释的独特视角。当然，在学习世界音乐文化的过程中，我们不可避免地会存在认知上的局限。这就要求我们既要尊重各民族的音乐文化，又要立足于自己的文化语境。只有在尊重他人文化、肯定自己文化的基础上，才能逐渐提升自身的文化理解能力和文化交流能力。

随着国际上各种交流的日益频繁，文化的交流已成为维护当代社会和平、引导人类团结的重要途径。在这样的时代背景下，广大音乐教师必须要推动音乐教育的改革，为当代青年创造良好的音乐学习环境。在教学的过程中，教师除了要广泛引导学生了解各民族的音乐文化，还需要不断加强学生对本民族音乐文化的理解能力，为学生树立民族文化信心奠定基础。

无论如何，多元化的文化发展趋势已经不可逆转，当下，我们只有顺应历史发展的潮流，积极开拓视野、不断充实自我，才能肩负起时代的重任，为音乐教学的可持续发展做出贡献。

第三章　中小学生音乐核心素养的形成与发展

本章将从音乐核心素养的形成、发展及影响因素；文化视域下中小学生音乐核心素养形成与发展；心理学视域下中小学生音乐核心素养形成与发展入手，对中小学生音乐核心素养的形成与发展问题展开论述。

第一节　音乐核心素养的形成、发展及影响因素

一、提出“核心素养”的原因

随着国际经济合作与发展组织率先提出了“核心素养”结构模型，世界上一些发达国家已经对核心素养有了较为全面的研究，同时，形成了较为完善的结构和体系。在国内外学者的广泛关注下，核心素养教育体系的建立逐渐成为一种大趋势。美、日等发达国家率先在国内推行核心素养教育，并鼓励各水平层次的教师将核心素养教育落实到具体的教学和工作当中。在教职人员和研究人员的一致努力下，这些发达国家已经实现了核心素养体系的建立，并逐渐形成了符合本国国情的课程体系。

“核心素养”的提出，是为了更好地促进素质教育，推动立德树人的教育目标的实现。“核心素养”在我国的提出经历了四个步骤：最初是1978年的“双基”，即基础知识和基本技能教学理论的提出；第二阶段是2001年“三维课程目标”的提出，即知识与技能、过程与方法、情感与态度目标；第三阶段是在2015年3月教育部正式提出了核心素养体系这个概念；第四阶段是在2016年，核心素养总体框架的出台，即：一个核心、三

大维度、六大素养与十八个基本点，可以说核心素养的提出是中国教育史上一次重大的变革。

（一）从“双基”到“三维目标”

核心素养的理论框架与“三维目标”具有十分密切的联系。我国教育的指导思想和音乐教学改革，经历了从“双基”到“三维目标”的变革，也就是说，“核心素养”的概念是“三维目标”的进一步发展和完善。事实上，我国传统的教育体系就十分重视“双基”，即强调知识与技能的同步发展。随着时代的推进，在新时期社会对人才需求的引导下，我国的教育体系日益完善，并逐渐从“双基”转向了知识与技能、过程与方法、情感态度价值观的三个维度。新课程改革所提出的“三维目标”落实了“以发展为本”的理念，对知识与技能、情感态度、能力进行了有机整合，以学生发展为主体，促进学生的全面、可持续发展。2011 年，国家对“三维目标”指导下的小学音乐课程标准加以完善，提高了对“审美”的重视，增加了对审美概念的理解并强调以下几点：兴趣是音乐学习的必要前提和根本动力；关注学科综合，应突出音乐艺术特点；学生应熟悉并热爱祖国的音乐文化、理解音乐文化的多样性；引领学生个性发展，鼓励积极参与音乐实践活动。

（二）从“三维目标”到“核心素养”

从“三维目标”向核心素养转变的过程，本质上是教育目标的转变过程，即从单纯的教育教学目标转化为培养健全的人的过程。对比而言，核心素养教育框架强调学生对文化的理解能力，认为学生学会某种知识或技能，远不如学生学会学习方法。此外，帮助学生树立正确的价值观，引导学生积极参与各种社会实践，对培养学生的人生规划意识、提升学生的社会生活能力有着十分重要的作用。

通过加强文化传承，学会学习，全面参与社会创新实践，能够培养学生的实践能力和社会责任感，这也在一定程度上体现了我国发展学生核心素养的内核，即培养出有责任、有担当、思想积极、心理健康、能力突出的人。这一培养过程是一个可持续的过程，在幼儿园、小学、中学到大学的过程中不断培养，随后一生中不断完善，这个过程不但顺应了世界的潮流，而且为中国教育的改革增添了强大的动力。

二、基于核心素养音乐课程开发的影响因素

（一）学校因素

1. 打造校长引领下的教师智囊团

对于有效地发展音乐的核心能力、完善课程评价机制、提高教师的专业水平等工作，需要优秀的领导者进行规划部署。音乐校本课程的开发团队应该是由校长引导和支持的，只有在校长的领导下，教学团队才能根据现有资源和办学条件开发出适合于本校的特色课程。这是开发校本课程的基础。具体过程是：以校长为核心的团队以学校的办学理念为基础，结合学校的发展计划、教育目标和教学需要，帮助教师制定学科的教学目标，然后建立专业的教师智囊团，对核心音乐素养进行研究，并实施教学计划。这种情况下，学校领导和教师的关系分为两个层次：首先是领导者与执行者之间的关系，其次是相互协商合作的关系。前一种关系是基于学校的总体运行情况和学校校长的计划，需要校长宏观把握课程的目标和范围，监督和批准课程目标的制定。第二种关系是基于教学工作特点和学科的特征，专业的音乐教师需要根据学科知识的特点制定具体的课程目标和计划，校长和教师的相互协商可以弥补双方在专业知识和教育方针上面的空白。

2. 完善以核心素养为本的校方音乐课程评价体系

学校是课程目标的设立者，是课程内容和课程资源的提供者。因此，学校应该在师资、教学质量等方面进行充分的了解和掌握，这样才能把控校本课程的教学过程，及时进行调整。

可以说，学校的教学评估是为了督促教师，提高教师的教学积极性，调动教师的热情。但是，学校很难向教师提供专业上的指导并从学科的角度对课程进行评分。学科上的评价必须通过教师的相互评价来实施。

3. 重视教师主导的作用

在选择课程内容和教学方法方面，教师起着主要的作用。在教学过程中，教师可以发挥创意思维，采用多种教学方法，充分调动学生学习的积

极性和主动性。目前，大部分教师对自己专业能力的提高还停留在学科知识和教学方法上，而忽视了学生在课堂上的主体性。在开发校本课程的过程中，应该将提高学生的学习能力作为出发点。关于教师在课堂上应该扮演的角色，可以提出以下几个观点：在课堂上，教师既是主导课堂学习的角色，也是提问者和启发者的角色。当老师扮演主持者的角色，他们可以掌握课堂的教学进度和教学内容。当教师扮演提问者，可以鼓励学生自主思考并引导学生尝试自己解决问题，使学生从解决问题的过程中掌握知识，锻炼思考能力。在老师进一步发现问题之后，他将通过指出问题的关键信息及其内在含义，以加深学生对知识的理解。当老师扮演提问者的角色时，教师通过提问的方式安排教学环节、设计教学方法。在整个过程中，老师不负责传授知识，而是通过提问来指导学生自主获取知识。当然，如果学生有任何无法解决的问题，老师则应给出适当的指导和纠正措施。

（二）家长因素

提高学生的音乐素养是学校发展音乐校本课程的主要因素，从课程目标的确立到课程内容的选择都应源于学生的成长需求，这一点学校和家长达成了共识，那么，能够充分调动家长的能量，将有力地推动音乐校本课程的开发。

首先，我们需要认识到父母在音乐校本课程中所起到的作用。实际上，家长在课程的实施过程中，可以参与进来，甚至充当课程的实施者。家长可以充当老师的身份，参与课程的设计和教学活动。目前，一些小学已经采用这种方法，鼓励家长参与到教学中来，丰富教学方法和内容。此外，家长需要以参与者的身份参加课堂活动，成为课堂上的一员，对课堂教学提供支持和建议。无论角色如何，家长都是校本课程中重要的一部分。

（三）社会因素

社区实际上是学校和社会之间的媒介。社区也是学生课外学习的重要场所。社区员工在校本课程的开发工作中也有着重要的作用。目前，许多中小学和社区建立了合作关系，学生可以在社区中参加社会实践，同时，社区也可以走进校园，引导学生参与社区社会实践。在教学过程中，学生可以走出校园，到社区中参加教学活动，还可以请社区内的人员走进学校和课堂。学校可以将许多社区资源整合到教学中，例如，可以请老干部参加学校的音乐课堂以及其他音乐活动。这种教学模式包括邀请具有音乐才能的老干部或退休教师到学校授课，与学生一起表演音乐节目，组织音乐公益活动向长辈献礼致敬等，增强社区与学校的联系。

（四）学生因素

1. 提升学生的主体地位

学生在课堂中的主体地位是指在教学过程中，学生作为学习的活动主体存在，学生的学习能力是固有的而不是附加的，学习方式是主动的而非被动的。即是说，整堂课需要调动教师、教材、教学方法等一切教学资源来激发并提升学生“学”的能力。

确立学生的主体地位不仅需要教师在课堂上实行，也需要在课程设置和教学计划中得以体现，并且受教学资源的限制。校本音乐课程是学校根据自身情况设计的艺术课程，需要调动更加广泛的教学资源。在设定课程目标和课程内容时，需要把加强学生的主体性纳入教学目标。在实地研究的基础上，对改善课堂上学生状况的建议进行总结：在课堂上，老师可以要求学生回答问题，或者学生可以要求学生回答问题。教学环节的设计可以由教师开展，也可以由学生安排，教师可以进行整改，但实施者和课程的主要部分应由学生负责，教师应负责监督和控制。必须说明的是，这种教学方式可能不会分布在整个课堂上或该学科的所有课程上。毕竟，它仅用作一种调动学生主观能动性的教学方法，可以用作分阶段课程或课堂上的教学内容。

2. 完善以核心素养为本的学生课程评价体系

首先，所有的学生都要参与到课程评价中来，这不仅能够调动学生主动学习的积极性，也能够提升校本音乐课程的重要性，只有受到学生的喜爱和重视，才能够促进教学的进一步发展。其次，如何在众多学生中取得数据来衡量课程教学的质量，可以通过在课程评价体系的建设中采取评价取样或者采纳常用的方式来解决，评价可以分为优、良、需努力三个等级，也可以采取五分制的方式。

第二节　文化视域下中小学生音乐核心素养的形成与发展

一、音乐与文学的融合

当2016年10月美国摇滚明星鲍勃·迪伦获得诺贝尔文学奖的消息一出，立即引起人们的讨论和关注。许多人开始重新思考音乐与文学的联系，这位风格独特的民谣歌手，主要作品只是歌词集《鲍勃·迪伦歌词集》和一本小说《塔兰图拉》，相较于其他作家和诗人来说，作品并不丰富。但鲍勃·迪伦是一名成功的跨界歌手，他的成就在于将文学与音乐很好地融合，他能够用合适的音乐诠释诗歌，也为流行音乐带来一种全新的风格。

尽管是不同的艺术形式，但音乐和文学在艺术上有很多相通之处，它们都是一种人类情感的表现形式。一个人的文学素养会影响他对音乐的感悟力。我国古代许多大诗人都对音律十分有研究。唐诗、宋词本身就与音乐有着密不可分的关系。学生可以在学习文学的同时提高审美水平，进而提高自己的音乐修养。

二、音乐与历史的融合

音乐是人类文化的重要成就，承载着人类文明的印记，与历史的发展息息相关。在音乐正式成为一种艺术形式之前的远古社会，它就已经存在于人类生活中。人类祖先在打猎和游戏时所发出的呼喊，就是音乐的雏形。音乐记录着人类心灵和情感的历史，无论是哪个国家和民族的音乐，人们都可以在其中找到情感的共鸣。

当代美学家科林伍德（Collingwood）认为：“为了消除‘艺术’一词的歧义，我们必须在历史中对其进行审视。”音乐教学中加入历史知识，可以培养学生的想象空间，加深学生对音乐的理解。例如，高校“大学语文”课程，可以起到培养通识的作用，使学生了解音乐与文学的联系，在学习《诗经》、《楚辞》、唐诗和宋词的过程中，了解我国古代音乐的概况，并提高学生的美学修养。不同的学科之间有着千丝万缕的关系，这也是为什么我们要注重跨学科培养，拓宽学生的知识面和文化视野，使学生在掌握历史知识的过程中加深对音乐的理解。

三、音乐与哲学的融合

哲学作为一种社会意识形态关注于自然和事物规律的研究，音乐中的哲学研究可以指导学生和教育者认识音乐的本质和音乐发展的规律。音乐与哲学有许多相通之处，而音乐教育学研究社会文化现象应以哲学为基础，因为对音乐的研究最终是对深层文化哲学的反映和探索。

对音乐文化的研究是将中国音乐放在整个中国历史和文化的背景下进行考察。中国有着悠久的历史，每个民族都有自己富有特色的音乐。目前许多国家的音乐教育已经越来越重视民族音乐文化的教育，民族艺术教育是培养学生人文素养和爱国情怀的重要手段。我国“以中华文化为母语的音乐教育”这一思想的提出，表明我国已经将各民族的传统音乐作为音乐教育中的重要内容，并给予高度的重视。在全球化的背景下，中国的音乐教育应该保留民族的特色，只有这样，才能推动多元音乐文化的发展。

民族文化在不断发展的过程中，会吸收不同国家和地域的元素。同时，一个国家的文化格局体现在其开放和多元，多元文化的发展必将促进民族文化的发展。因此，我国音乐教育的发展应重视各民族文化的融合，形成多元的文化局面，培养学生开放的文化视野。近年来，中国的音乐课程标准要求重视不同民族音乐文化的教育，体现了音乐教育的多元化趋势。

世界的和平与发展取决于不同种族文化的理解和尊重。在强调促进民族音乐文化的同时，我们也应以广阔的视野体验、学习、理解和尊重世界其他国家和地区的音乐文化。通过音乐课程，学生可以建立平等的多元文化价值并欣赏人类文化遗产，以便我们可以分享人类文明的所有杰出成就。

以下是高中音乐教科书编写建议中的与世界多元文化音乐相关的

条例：

教科书的编写应兼顾传统与现代、经典与一般、中华音乐文化与世界多元文化。注重吸收具有时代感、富有现代气息的优秀作品。所选曲目中，应包括中国民族传统音乐、中国20世纪初至70年代的创作和80年代以来优秀的新作品、世界民族音乐、西方古典音乐、现代音乐及适量的通俗音乐和电子音乐。

《中共中央关于教育体制改革的决定》提出："社会主义现代化建设的宏伟任务，要求我们不但必须放手使用和努力提高现有的人才，而且必须极大地提高全党对教育工作的认识，面向现代化、面向世界、面向未来，为90年代以至下世纪初叶我国经济和社会的发展，大规模地准备新的能够坚持社会主义方向的各级各类合格人才。"《中国教育改革和发展纲要》在阐述我国新形势下教育改革和发展的任务时，重申了"面向现代化，面向世界，面向未来"的要求。"三个面向"为中国的多元文化音乐教育提供了教育的文化策略基础。

第一，教育是为了培养现代化的人才，教育方针要适应国家的发展，适应当前社会和经济的需求。教育的发展必须适应当前经济社会发展的战略目标和战略步骤，并为国家的发展培养有用的人才。此外，我们需要更新教育观念、深化教育体制改革、制定长远的教育改革计划。此外，要引入现代教学方法的结构和完善的教育体系，满足现代化的发展。

音乐教育的改革要顺应全球化的趋势，并满足国家教育政策以及经济和文化的需求。我国的音乐教育要培养学生的视野和格局，使他们成为具有国家意识的现代公民和高素质人才。

第二，教育必须面向世界。教育要有国家化的眼光，不仅要借鉴国外的教学思想和教育理论，也要积极吸收国外优秀的文化成果，培养学生开放的心态和国际视野。要使学生对世界各国各民族的文化有全面的认识，能够对当前国际政治、经济、科技等局势有较为清晰客观的认识和较为全面的掌握。教育要充分利用世界的资源，培养国际人才，使他们能够在世界各地工作并与具有不同文化背景的人们互动。

对学生的音乐教育意味着要使学生了解和掌握世界音乐文化，了解其他国家和民族的音乐发展历史和现状。除了欧洲的音乐传统，也要学习其他民族的音乐特色。吸收不同国家和民族的音乐文化，有利于我国音乐的发展，也能够促进各国各民族的友好交流。

第三，教育必须面向未来。教育应该基于长期和历史性的战略眼光。教育改革与发展必须具有长远发展的前瞻性，并提供该国实现20世纪第二阶段和21世纪第三阶段的国家战略目标所需的人才。只有设定长期的教育目标，我国的教育才能逐步走向世界之巅。我们不仅需要看到短期需求，还需要考虑长期需求。教育不仅需要根据生产和建筑发展的要求，而且对现代科学技术的发展趋势有一定的远见。

音乐教育事业的改革和发展要有超前性和预见性，就必须考虑到当今世界音乐教育发展的主流，不能只停留在20世纪上半叶中国建立的音乐教育体系，而是需要建立面向人类未来的世界音乐教育。推行世界多元文化音乐教育在中国已经是迫在眉睫，因为，中国已经融入世界。

第三节　心理学视域下中小学生音乐核心素养的形成与发展

一、中小学生音乐学习心理分析

（一）小学生音乐学习心理特点

告别幼儿期，步入童年期。儿童从六七岁到十一二岁这一年龄阶段进入小学接受教育，故称学龄初期。

1. 小学生心理特点

小学生的生理发育特征是神经系统进一步发育，大脑结构和功能显著发展，他们的听觉、视觉快速发展，这一阶段是儿童学习知识和技能的重要时期。这一时期小学生的学习主要依靠无意记忆，而有意记忆逐步增强。小学低年级的儿童可以很好地记住具体的图像，而高年级学生的抽象记忆逐步发展，思维方式逐渐由具象思维转变为抽象思维。小学生的情感表现从外显转变为内隐。

2. 小学生学习音乐的心理特点

小学阶段儿童的注意力与活动能力得到了进一步的发展，叶朗认为小学生审美心理的发展包括以下几个阶段：7—9 岁的儿童处在“写实阶段”，他们对艺术作品的感知以像和不像作为评价；9—13 岁，儿童逐渐有了审美意识，开始对艺术品的形式、风格等有了一定的感悟力。

舒特·戴森和加布里埃尔论述了小学生音乐能力发展的年龄阶段性特点：7—8 岁，有鉴赏协和与不协和之和音的能力；8—9 岁，在歌唱及演奏乐器时，节奏感觉较过去更好；9—10 岁，对节奏、旋律的记忆改善了，逐步具有韵律感，能感知两声部旋律；10—11 岁，和声观念建立，对音乐的优美特征已有一定程度的感知和判断能力。

小学生的音乐能力随年龄逐年增强，主要表现在对节奏的把握、音高辨别能力的提高、歌唱能力的改善等方面。随着儿童听觉、视觉、运动觉等的显著发展，儿童的音高辨别能力也逐步提高，本特利在 1966 年所做的一项测试表明，大多数被测试的 7 岁儿童能分辨出一个 440 赫兹的音和一个与之相差 12 赫兹的音（四分之一音）的音高差别，被测试的 12 岁儿童大多数能分辨出八分之一音的音高差别。这说明在儿童时期，高音辨别力是随年龄增长而提高的。基尔巴特所做的实验结果亦表明，儿童的音高辨别力随年龄增长，其中 6—10 岁儿童增长显著，18 岁后进步幅度较慢。

随着儿童歌唱音域、旋律能力、身体协调能力、记忆力、语言能力等各方面的共同发展，从幼儿至小学生的歌唱技能与器乐演奏能力也得到了显著的提高。歌唱技能方面，随着年龄增长，歌唱音域也随之扩大，如 3-5 岁幼儿的音域是小字一组的 e—小字一组的 a，至小学高年级时，12—13 岁的儿童的音域已扩大为小字一组的 d—小字二组的 e。幼儿至小学低年级学生歌唱技能的获得主要是通过游戏的方式。在游戏中边歌边舞，配合身体动作，并借助语言这种媒介，而逐渐得以发展。曹理、何工在《音乐学习与教学心理》一书中论述了小学生音乐能力发展的一些特征：小学低年级是对节奏的感受力迅速增长的时期，对音乐节奏和旋律，可以通过身体动作做出反应。小学中年级是儿童发展音乐感知能力的最佳时期，由于儿童身心迅速发展，同时，运动觉、听觉显著增强，节奏表现、旋律表现更加丰富；他们良好的机械性记忆，有助于掌握一定数量的歌曲；他们的协调性提高，能有效地促进合唱合奏活动开展；他们的理解力增强，有助于学习乐理知识。他们对和声开始表现出与成年人相同的好恶。小学高年级学生身心继续成长，这一时期音乐情感得到进一步陶冶和发展。

（二）中学生音乐学习心理特点

1. 中学生心理特点

中学又具体划分为初中与高中两个阶段，由十一二岁到十四五岁进入少年期，又称学龄中期（初中期）；由十四五岁到十七八岁进入青春初期，又称学龄晚期（高中期）。

（1）初中生心理特点

初中生进入青春期，这是一个活动复杂而多变的时期。初中生正处于从童年到青年的过渡时期。他们的心理特征是一半天真，一半成熟，冲动和自我意识交织在一起。初中生注意力的广度和稳定性已得到显著发展，他们的注意力已接近成人的发展水平。初中生的思维意识得到了很大提高，并且从具体的具象思维向抽象的逻辑思维过渡。初中生的情绪表现出明显的双重性，情感表达的外露与内隐共存。初中生的情绪体验非常强烈，情绪波动很大。初中生的个性刚刚开始形成，但还不稳定。初中生的意志是高度独立的，但容易受到环境和情感等因素的影响。

（2）高中生心理特点

高中生开始进入青春期的早期阶段，他们的身高、体重、大脑皮层结构、神经系统和其他身体发育已接近成人水平。在这一阶段，他们已经形成了初步的人生观与世界观，并且身体和心理方面变得更加成熟。学生的抽象逻辑思维能力得到了明显发展，他们的一般思维和组织能力得到了进一步提高。学生的情绪更加丰富并逐渐稳定，学生的自信心逐渐成熟，并逐渐开始发展世界观和人生观。

2. 中学生学习音乐的心理特点

中学生已具备初步的音乐审美能力，对音乐形式的感受力、音乐内涵的理解、音乐创作水平的评价等都有了很大的进步。他们可以通过了解音乐家的创作背景和其他音乐知识来深入理解作品的内涵。中学生认知能力和审美能力进一步发展，他们逐渐对那些写实的、拟人化或者模仿动植物的艺术作品不感兴趣。随着欣赏能力的提高，他们更加欣赏那种旋律优美、富有感情、思想深刻的作品。由于中学生音乐审美上的某种个人偏好以及生理方面的快速变化，许多中学生都表现出对流行音乐巨大的热情。流行音乐更加符合中学生的心理发展状况，也更迎合他们的审美偏好。另外，当代中学生过多地接触广播、电视、网络等媒体，拥有 mp3、CD 机、手机等设备，也使流行音乐更容易传播。

另一方面，流行音乐相较于古典音乐、民族音乐，更加易于接受和理解，不需要太多的专业知识；而流行音乐的主题和形式也为青春期的学生提供了寄托感情的方式。听流行音乐也更能满足青少年追求时尚的心理。

二、影响中小学生音乐心理发展的因素

个体成长与发展包括音乐心理发展，是遗传、环境和教育等因素相互作用的结果。

（一）遗传素质因素为心理发展提供了潜能

遗传素质指人们从父母祖先那里继承下来的与生俱来的解剖生理特征，如机体的构造、形态、感官和神经系统特征等。它是少儿心理发展包括音乐心理发展的生物前提和自然条件。它是少儿音乐心理发展的必要条件，但并不是唯一条件，也不是决定性条件。它为少儿音乐心理发展提供潜在的可能性，但还没有构成现实性。

大量研究资料表明，少儿音乐心理发展、音乐能力的形成，遗传因素起了一定的作用。例如，被誉为“欧洲音乐之父”的德国作曲家 J. S. 巴赫的家族，是一个庞大的音乐家族。从 16 世纪起的 300 年间，有案可稽的姓巴赫的音乐家共有 53 位。在众多姓巴赫的音乐家中，被今人公认为最重要的约翰·塞巴斯蒂安·巴赫，不但受世代音乐家庭遗传基因的影响，成为一代伟大作曲家，而且他还把遗传基因又传承下去。他有 20 位子女，其中长子威廉·弗里德曼·巴赫、三子卡尔·菲利普·厄曼纽爱尔·巴赫、九子约翰·克里斯托夫·腓特烈希·巴赫和十一子约翰·克利斯蒂安·巴赫都是著名作曲家。

据相关调查显示，父母双方或一方有音乐才能的孩子与父母双方都没有音乐才能的孩子相比，有音乐才能的要多得多。可见遗传素质与音乐发展水平的相关度是很高的。这种先天素质对少儿音乐心理发展的影响，在

儿童早期阶段表现出某些分析器对外部影响的高度敏感性。如音乐听觉特别灵敏，又如儿童嗓子的先天条件很优越等。正如李孝忠先生在《能力心理学》一书中所说："能力的自然前提是某些分析器对外部影响有高度的感受性，正是由于他们有高度的听觉感受性，他们听音乐时印象深刻，从事音乐活动时感到特别愉快。"❶ 此外，先天素质对神经系统特性也有一定影响。

（二）环境因素对心理发展产生重要影响

环境因素是对儿童的音乐心理发展有一定的影响。但是，人类并不是完全被动地受外部环境的影响。人的心理是在与外部环境的互动中逐渐发展的。先天的音乐素养能够为学生的音乐心理发展提供一定的基础，但这种发展也需要后天环境的影响，才能为先天条件的发展提供可能性。外部环境不同，会造成个体发展的差异。环境因素是频繁的、广泛的、复杂的和深刻的，并且它们对儿童音乐心理发展的影响非常明显。

中小学生的音乐心理主要受到家庭环境、学校教育和社会环境的影响。特别是社会环境，对中小学生的音乐审美有着很大的影响。这主要是因为现代科学技术高速发展，传媒的发达和普遍，人们可以通过电视、广播、网络等媒介大量地接触音乐节目，这对中小学生的音乐品味和审美心理产生深刻的影响。在我们展开"您主要依靠什么来学习音乐？"的调查中，只有33%的人依赖学校的音乐课程和课外活动，其余的则依赖广播、电视、电影，磁带和其他大众媒体学习。在最喜欢的歌手和歌唱家的调查中，提名了400多个歌手和歌唱家的名字，这表明了大众媒体对于音乐传播的深度和广度。

（三）教育因素在心理发展上起主导作用

教育作为一种环境因素，会有目的、有计划地影响少儿心理的发展。教育因素包括学校教育、家庭教育、社会教育，在儿童心理发展中起主导作用。这是因为：

（1）学校环境的选择性。根据特定的社会需求，教育可以实现特定的教育目标，而教育的内容则是选择的环境。

---

❶ 李孝忠．能力心理学［M］．西安：陕西人民教育出版社，1985.

（2）影响内容的目的。教育目标是学校教育的出发点和目标，教育影响的内容是从教育活动开始并服务于其目的。

（3）规划影响方法。教育对学生的影响是有组织的、有计划的和有针对性的。根据对事物的理解规律，人类遗传质量和心理发展规律，教育教学规律以及自身的知识和技能，可以积极有序地培养学生，并对学生产生影响。

（4）教育过程的可控性。学校教育是一个综合的体系，可以有效地控制学生的学习状况和心理发展方向，对学生的心理建设产生影响。音乐教育在儿童的心理发展中有着明显的作用。在深化教育改革的过程中，我国的很多学校进行了各种音乐课程改革实验，对音乐教育进行探索，取得了显著成效。

（四）主观能动因素是心理发展的内部动力

环境教育因素都是外部因素。外部因素只能通过内部因素起作用。儿童心理发展的内部因素不仅包括先天遗传因素，而且包括主观能动因素。所谓主观能动因素，主要是指音乐实践中环境和教育对学生的要求使学生产生了新的需求，以及这些新需求与儿童现有的音乐心理发展之间的矛盾。因此，中小学音乐教育必须准确把握这一矛盾在不同年龄段儿童中的特殊性，并提出略高于当前音乐发展现状的合理要求，以促进儿童音乐心理的不断发展。

主观能动因素对人的心理发展有重要作用，对内能影响先天遗传素质发挥的程度，对外能影响环境与教育的作用效果。教育的艺术就在于激发受教育者的内在需求与动机，引导他们积极主动地、健康地发展自己。

无数事例都说明了主观能动因素对个体成长发展的作用。我国杰出的民族器乐大师刘天华先生从来没有受过专门音乐学校的教育，也没有音乐“神童”的天赋。17 岁时师从江南琵琶大师沈肇州，学习琵琶甚有成就，就是因为他勤奋好学，常常为了掌握乐器的演奏技能而废寝忘食。其兄刘半农先生回忆当时的情景写道：“天华性情初不与音乐甚近，而其‘恒’与‘毅’，则非常人所能及。择业既定，便悉全力赴之；往往练习一器，自黎明至深夜不肯歇。甚至连十数日不肯歇，其艺事之成功实由于此，所谓‘人定胜天’者非耶?”就这样，刘天华凭着自己的毅力与锲而不舍的精神，学会了二胡、琵琶、三弦、古琴、小提琴等多种乐器的演奏方法，并成为享誉中外的民乐大师。

综上所述，遗传、环境、教育和少儿心理内部动力等四个方面因素对中小学生音乐心理发展的作用是整体的、综合的。它们彼此是相互依存、相辅相成的关系，我们只有努力去探索掌握中小学音乐心理发展的规律，将上述四个方面有机地结合在一起，才能使音乐教育取得最优化的结果。

三、因学生音乐心理发展施教

现代教育强调教育内容、方法与受教育者个性发展要求和心理发展水平相适应。研究中小学生音乐心理发展，旨在充分了解个体音乐审美发展的特点和规律的基础上，选择有针对性的前后连贯的教育内容、目的和方法。根据学生音乐心理发展施教，要做到以下几点：

（一）有序施教

中小学生身心发展的规律影响他们学习音乐的阶段和过程。每个开发阶段都有共同的特征以及一般和典型的基本特征。音乐教学必须遵循学生心理发展的规律和教育学理论，为学生提供良好的教学环境。中小学生有着很强的好奇心，因此，为了吸引他们的注意力，教学的趣味性就显得十分重要。另外，教育也要鼓励学生独立思考、发挥创意，运用自己的理解力和感悟力去学习音乐，培养对音乐的兴趣。

小学生比较喜欢简单、富有趣味和模仿性质的音乐，小学音乐课中欣赏课的内容，主要是为了培养他们的想象力和对节奏的敏感性。中学的音乐欣赏课程进一步培养学生对音乐作品的审美能力和审美品位。因此，这一阶段，教师需要在课堂上对音乐作品进行分析，引导学生探讨音乐作品，理解作品的形式和内涵。包括作品的旋律、节奏、曲式、和声、音色以及作品的风格，作曲家的思想和演奏（唱）者的表现等内容。中学生一般处在变声期，课堂内容不能安排过多的歌唱部分，否则会使学生声带受到影响，对唱歌产生排斥心理，进而丧失学习音乐的兴趣和热情。因此，中小学的音乐教育应尽量考虑他们的身心发展状况。

（二）有导施教

小学高年级及中学学生，他们接受新事物的能力很强，趣味变异很迅速，以致丧失审美判断力，容易成为各种“新潮”的趋奉者，从而形成了某些人热衷流行音乐的心理倾向。

对于这种音乐偏爱，我们当然不能迁就、迎合、放任自流，使之形成不良的定势效应，也不应采取讽刺、嘲笑、硬性禁止的态度和做法。我们要因势利导，尽量降低禁果效应的强度。

（1）充分运用课内外音乐活动的机会扩大青少年的音乐视野，培养各种各样的审美趣味，让他们接触多种题材、形式、风格的音乐作品，启发他们进行思考、比较、评价，使他们在比较中增强分辨能力，提高鉴赏水平。

（2）要激励学生超越自我，去学习和研究自己不熟悉的音乐艺术世界。鼓励他们“耐心听，好的还在后头呢!”通过艺术音乐与流行音乐的比较鉴别，帮助学生寻找它们的共同点和不同点，使学生从狭隘的音乐从属关系转到理解音乐的本质上来，放弃“我们的”“你们的”“他们的”音乐的观点，克服对艺术音乐的抵触和排斥情绪，成为欣赏高雅音乐艺术的一员。

（3）营造良好的音乐环境。他们喜欢的东西大多来自他们所熟悉的领域。这是社会生活的普遍规律，音乐也不例外。音乐爱好源于不断地强化。一个人对自己喜欢的音乐自然会大量反复地听，从而形成了他的音乐喜好特性。学校是年轻人聆听丰富艺术音乐的重要场所。教师必须千方百计创造良好的音乐环境，使艺术音乐成为正常和自然的学习内容。通过听和看，他们会不自觉地受到音乐和艺术的影响，对高雅的艺术音乐自然会产生浓厚的兴趣。

（4）发挥群体效应作用。一个或多个人在一起工作，对个人学习和工作活动的效率有很大的影响。这种现象称为群体效应或共同演员效应。在这些效应中，可以促进增强或改善质量的效应被称为社会促进效应，反之，它们被称为社会干扰效应。群体效应是群众情感信息的连锁反应。音乐是可以更直接、更有效地进入人们情感世界的艺术。因此，我们必须高度重视音乐产生的集体效应。在组织音乐活动时，我们必须注意作品的选择，注意年轻人对音乐爱好的影响，以使社会促进效应发挥作用，使每个人的情感都相互感染。

（三）有乐施教

多年来，在我国中小学教育改革实践中，对“乐学教育”进行了有益的探索。现代教学论从心理学的角度，把学生参与教学活动的心理成分分为两类：一类是认知因素，如感知、想象、思维、记忆等；另一类是情感因素，如动机、态度、情趣、意志、情绪等。认知因素，构成“感知——思维——知识——智慧”的过程即前述的“认知——逻辑”过程；情感因素构成“感受——情绪——意志——性格”的过程，即前述的“情感——体验”过程。两种因素或同步、或交叉协同构成教学全过程，形成完整的动态体系。重视教学中情感因素的作用，注意加强教学与心理的联系，把认知过程和情感过程结合起来，促进学生主动发展，学得生动活泼，是现代教学论发展的总趋势。音乐审美教育由于本身具有丰富的情感性和形象性，在这方面积累了更多的经验。例如有的学校在音乐教学中，以“趣”激发动机，以“美”愉悦学生身心，创设与教学内容相关的情境，让学生在其中感受、陶冶，促使学生在审美愉悦中得到个性的全面发展。

对于中小学生来说，兴趣在他们的学习中占有重要的地位，需要教师对他们进行启发和引导。小学阶段主要的手段是做游戏。学生在有趣的游戏中学到知识。尽管中学阶段仍可以适当使用游戏和比赛，但通过精心选择的课堂内容和创新的教学方法激发学生对学习的兴趣更为重要。

例如，在教学中可以发挥具体效应的最大功能。具体效应，就是运用形象比喻、语言生动、情节夸张、重点描绘、创设情境、形象直观等手段，使人身临其境，注意力集中，唤起丰富的想象，引起立体式的联想和情感共鸣，从而加深对内容的理解和记忆。再如，有的教师在课堂教学中注意发挥群言效应的作用，开展激发学生情趣，让学生质疑、求异、解疑的活动。

（四）有别施教

中小学生的音乐心理发展表现出很大的差异性。首先，不同的音乐能力发展速度有差异。由于中小学生心理发展各个阶段的持续时间不同，因此心理发展各个阶段的速度差异和功能成熟度也不同。某一方面的发展已经成熟，相关的音乐教育就需要考虑到这些因素。其次，每个个体的音乐心理发展也有很大的差异性。同龄的中小学生在生理和心理发展上有共性和相似之处。另一方面，由于社会环境、家庭条件、教育程度、个人才能和成长经历的不尽相同，每个个体的音乐心理发展表现出很大的差异性。苏霍姆林斯基有句名言："每个学生都有一个独一无二的个性，没有两个像两滴水那么相似的儿童。"因此，音乐教学的过程中必须注意分寸感，也要注意任何细微的差异。要实行因材施教、因人而异的教育宗旨。根据学生不同的特征，发现他们之间的差异，发挥他们的优势并避免劣势。

第四章　基于创新生成理念的中小学生音乐核心素养培养策略

随着时代的不断发展，中小学阶段的音乐教育在教学理念、教学方法、实施途径等方面都在不断地革新。音乐作为我国基础教育学科中不可缺少的一个基础学科，在传统音乐教学过程中，过度强调老师在教学过程中的主导性，忽略了对于学生学习兴趣与积极性的培养和调动，造成中小学音乐教学陷入了一个低效率、低质量的境地。因此，促进课堂生成和创新，打造生成创新的课堂文化成为现阶段课程改革的首要任务。本章将以创新生成为出发点，主要探讨并论述了中小学生音乐核心素质培养的生成性教学策略、情境性教学策略、开放性教学策略以及互动性教学策略等内容。

第一节　生成性教学策略

一、建构主义视域下基础音乐教学模式的创新策略

（一）建构主义理论概述

建构主义，又被称为结构主义，属于认知心理学派的一个分支学科。据资料显示，最早提出这一概念的学者为意大利思想家维科。其创立了历史哲学学科，也是一名历史哲学家，他认为：人类的真理是通过人类行为得以产生与认识的。这句观点论述可以证明维科是学科历史上首位建构主

义者，但其并未对建构主义做出具体论述。

真正对建构主义进行具体、详细论述的是心理学家皮亚杰。皮亚杰在其学术生涯中专注研究儿童的智力发展，并创立了与儿童认知发展相关的学派。皮亚杰认为，儿童的认知构建过程主要在于与所处环境的相互作用，儿童通过对周围环境的反应来逐渐建立起对外部世界的认知，并不断完善自身的认知结构。皮亚杰有关于建构主义的基本理念可以归纳为“图式、同化、顺应、平衡”。

“同化”与“顺应”是儿童与环境产生相互作用的两个基本过程。“同化”即为认知个体将所接收到的外界信息转化为个体认知，从而完善认知结构的过程。“顺应”即因受到外部信息的刺激而改变个体认知结构的过程。同化是外界刺激充实个体认知结构的过程，而顺应是外部刺激直接导致个体认知结构发生本质性变化的过程。儿童正是通过“同化”与“顺应”两种方式来协调与外部世界之间的关系，并逐渐构建对外部世界的认知结构。当儿童以这两种方式来协调与外部世界之间的平衡，而原有的认知结构不能同化新信息时，此时个体认知正处于一种平衡状态，当认知个体原有或现有认知结构的平衡被破坏时，个体对现有认知结构的调整过程即是新的协调平衡的过程。认知个体逐渐构建起新的认知结构就是在“平衡——不平衡——平衡”的循环过程中不断完善并发展。建构主义理论观点的提出，加深了人们对认知过程实质的理解与认识，并推动了建构主义学习理论的产生。

以教学角度来看，教师是知识的提供者与传授者，以发现的角度来看，教师仅为经验的提供者，以建构主义角度来看，教师将上述两种功能集于一身。建构主义理论的教学观集合了建构主义理论的所有观点，是建构主义理论的精华，反映教学思想是其理论实质。

对于师生角色的准确定位是建构主义教学观的重要体现。学生在接受教师的讲授前已经具有一定的认知基础，教学的实施过程中不能忽视学生原有的认知结构而进行机械性的灌输，而应将学生已具备的经验知识作为新知识的基础来建立新的知识结构。教师在此过程中不仅充当着知识传授者的角色，而且还是促进新知识结构形成的辅助者与推动者。师生之间通过不断沟通来了解各自的想法，在探索的过程中相互质疑，促进彼此成长。

传统的教学模式中，教师仅作为辅导者，将个人对知识的理解以及解决问题的方法机械性地传授给学生。教师应依据新知识结构的构建过程来为学生提供具有针对性的问题，引导并辅助学生进行新知识结构的构建，鼓励学生独立解决问题，并对解决问题的方法提出多层面的设想，以达到与创造性教学活动宗旨相吻合的教学目的。教学过程中，教师应自觉减少对知识的控制，促使学生在学习过程中进行自我控制，提高主观能动性。这种教学模式营造的教学环境有利于学生在教师的帮助下完成对知识结构的重新建构，并通过沟通经验、小组学习等一系列的教学实践来完成学习。教师在此过程中要协调学生的学习内容与学习活动之间的平衡，并为学生明确教学价值目标。

建构主义要求学生能够应对真实世界的复杂情境，并在复杂情境中独立解决问题，因此，学生需要建立新的、完全不同的学习过程来磨炼并逐渐形成自己构建与认知的心理模式。建构主义的教学模式相较于传统教学为学生提供了更多自我管理的机会。教师应注意将机会永久停留于“智力最近发展区”，并给予学生一定的辅助与支持。

（二）传统教学理论下的基础音乐教学模式

1. 传统音乐教学理论概述

教学理论是包括教学原则与教学思想的理论概述，同时也作为课程设置与发展的基础理论。传统教学理论体系中一直存在“教大于学”的教学弊端，教师只注重将已固定的知识经验传授给学生，而却忽略了学生构建新的认知结构的过程。因此，一部分人认为传统教学论的本质是一种仅停留于理论层面的教论。正是在传统教学理论的指导下，传统的教学模式通常也是以课堂中的“教”为主，从教的角度来完成教学目标、教学策略的确定等完整的教学活动。从某种意义上讲，传统教学模式实质是一种“教的模式”。

2. 传统音乐教学模式分析

传统的音乐课程中一直存在着与时代发展不相符合的根深蒂固的问题。音乐教育作为综合素质培养的重点领域，应跟随时代的发展而不断革新并完善。但在现今的音乐课堂中却缺少了这种重要特性。

（1）音乐课堂听不见“音乐”

学习音乐的过程就是通过倾听音乐来感受音乐所表达的情感、理解音乐的内涵。然而在传统的音乐教学模式中，教师在课堂中占据完全的主导地位，学生成为知识的被动接受者。尤其是在中小学的音乐课堂上，学生对音乐课的积极性普遍不高，在部分学校中甚至直接以其他课程来取代音乐课，使得音乐课在学校教育中形同虚设。是什么原因导致天性喜爱音乐的孩子对音乐失去了热情，并令音乐教学在学校教育中缺席？这主要在于传统教学模式中产生的偏见与假设，造成了音乐教学结果的缺失，使得教学模式逐渐与现实脱轨。传统的音乐课堂中，一般以一首歌曲作为一节音乐课的学习内容，过程主要包括了解曲作者信息、分析歌词含义、教师教唱学生跟唱这三个部分，学生反复练唱直至能够熟练掌握歌曲。这种音乐教学模式不断地循环重复同样的过程，了无生趣地进行着。长此以往，学生在音乐课堂的主体地位完全被教师所取代，逐渐失去了学习音乐的热情与积极性。

（2）音乐课堂失去了“情感”

音乐课堂是以情感的表达为教学核心。在传统音乐教学体系中，教师通常以一种固定的教学模式来对学生进行音乐知识的传授，过程中缺乏对音乐本身所具有的内涵、情感的理解与表达。音乐中的节奏、旋律以及力度等音乐要素都具有特定的情感表达意义。情感是进行音乐创作的动机与源泉，是音乐教学的本质所在。传统的音乐教学体系以既定的教学目标扼杀了音乐中最具价值的情感要素，同时也阻碍了五彩缤纷的课外活动的进行，令学生在音乐的学习中失去了主观能动性，磨灭了对音乐的热情。在这种毫无生机、缺乏艺术与情感魅力的音乐课堂中，学生的情感价值培养自然就被忽略了，学生的情感价值培养被迫成为一种仅用于扩展知识范围的认知工具。

（3）音乐课堂缺少了“思想”

音乐作品中所体现的音乐思想就是音乐的灵魂。在传统的音乐教学模式中，主要以静态的教学文本——教案为教学本体，课堂中对学生进行固定的、框架式的教学，而学生在此过程中的主体地位被教师所代替，被剥夺了独立完善自我认知结构的权利，沦为教学过程的附属品。在这种环境下成长起来的学生会逐渐失去对外部世界的体验性与感知性，那么音乐教学也将会失去它之于学生的意义。艺术的思维模式是由艺术的审美所造就的，音乐的思维模式是通过音符的运动方向与曲调的改变来构成并进行发展的。音乐思维应由始至终地贯穿于完整的音乐实践过程中，并在音乐思维中体验其中的情感表达。在传统的音乐教学过程中，教师忽略了对学生自我发展意识的培养，只注重对音乐进行描述并机械性地教唱，缺乏对音乐内涵的深入了解以及对音乐思想的感受与体会，使音乐教学逐渐脱离了音乐的本质，忽视了音乐作为一种形象思维艺术形式的存在，创造思维与形象思维没有得到进一步的发展。传统音乐教学模式暴露出的诸多弊端，导致学生在音乐学习过程中逐渐失去了体验性、创造性与主体性，同时也造成了一些不良后果。学校的学生在课外十分喜欢音乐，但却对音乐课提不起兴趣。导致这一现象的产生是由于传统音乐教学模式中过于强调教师在课堂中的主导地位，学生在教学过程中处于被动接受的状态，并且对音乐教育与认知程度的专业化以及基础音乐教育的普及性过度重视。

（三）建构主义理论下基础音乐教学模式的理论分析

教育部于 2001 年制定并颁布了有关于基础教育改革的《基础教育改革课程纲要（试行）》（以下简称《纲要》）。《纲要》中指出，为了贯彻落实“深化教育改革，全面推进素质教育”，教育部将进行基础教育课程的全面改革，对基础教育课程体系的内容、结构进行调整，构建符合综合素质要求的更加全面的基础教育课程体系。

从教育部出台的《标准》中可以看出，音乐课程改革摒弃了传统音乐教学模式中诸多的固有弊端，在最大程度上改变了传统音乐教学模式，从全新的视角出发来构建新的音乐教学课程体系。

1. 建构主义对基础音乐教学模式的启示

目前，在世界以“学会生存”“学会学习”为大教育目标的时代背景下，国内针对传统教学的诸多弊端，进行了教学体系的改革。将建构主义理论融合于音乐教学体系之中，为我国的音乐教育体系改革提供了许多有益的启示，开辟了一条崭新的教育改革道路。

在传统的教学观念中，教育的主要目的在于辅助学生获取新的知识，而不是激发学生的主观能动性去独立思考解决问题、探究知识的本质，机械性地向学生灌输既定的知识结构成为学校教学的唯一目的。这种教学观念指导下的教学模式阻碍了学生创新能力的培养与发展。在科技高速发展的社会背景下，传统的“一次性”教育已经逐渐被终生教育所取代，在传统教育中获得的能力已经无法满足现代社会的发展需要。知识的获取是学生发展自身能力的基础，运用学到的知识解决生活中的问题才是学校教育的根本。一定意义上来讲，教育的最终目的应是培养与发展学生自身的创造力与学习力，不仅仅是使学生获得刻板的书面知识，更多的是学会与人沟通和交流以及基本的生存能力。

建构主义以人的发展为主体，基于建构主义所建立的教育理论则更加注重学生在教学过程中的主体性。强调学生创新发展能力、解决问题以及分析问题能力的培养，能够充分掌握新旧知识结构，将二者进行有机结合进而扩充个体原有的知识结构，促进学生创新能力的发展。知识作为教育的目的，同时也是教育的手段，教师要充分利用自身对知识的理解，令学生逐步形成独立分析问题、解决问题的新的学习方式，这才能够构建基于建构主义理论的创新教育体系。经过一系列对建构主义理论的了解与探究，可以看出，学生个体发展的根本目标是能力的发展，而存在于学校教育体系中的课堂教学过程即在最大限度上推动学生个体的能力发展。

教师在课堂上教授的知识是构建社会发展体系的重要基础，以发展角度看，它应跟随时代不断更新、不断完善。传统教学观念认为，课程是进行学科知识的学习与教学计划的提前准备，但不论其作为教学计划或是学习学科知识的事前准备，它们的知识结构都是固定的、被提前预设好的，也就是说，教学过程是完全没有生命力的、静态的知识传授过程，学校与教师在此过程中仅仅充当知识传输者，而并没有考虑学生能力的培养与课程的发展等问题。基于建构主义理论构建的教育概念，提供给我们一个全新的角度来审视学校教育，推动了传统教学模式向创新教学模式的转变。

建构主义理论认为，知识应是一个具有高度流动性的系统，是跟随外界刺激而不断被打破又重建的，知识结构是通过个体与社会的探索与发展共同构建起来的。因此，课堂上所教授的书本知识并不完全是一成不变的，而是教师与学生二者在教学过程中共同进行探索、交流、发现、总结而获得，并最终由新的知识而逐步构建成更加完善的知识结构。基于建构主义理论所建立的教学体系中，教师应承担教学过程当中的课程开发者、学习组织者以及教学环境设计者的角色。首先，教师应对课程有一个自身的知识建构，即在原有的知识结构之上对所授的课程知识进行把握，再对课程知识与课外知识进行整合，从而形成现有的课程资源。其次，学生对新旧知识进行调整与重编，独立完成构建知识结构的过程。建构主义理论的学习观提出，要特别重视学生个体原有的学习背景和知识经验。建构主义教学过程中“学习”的过程即是指学生能够灵活掌握知识的过程，也就是学生独立去解决问题、获得知识的过程，此时的教学内容已不再是既定的、预设好的，也不是通过教师自我的知识结构而构建出来的，而是由学生在充满活力的教学环境中，通过教与学二者的相互作用而构建的富有生命力的动态教学课堂。课程教学因而成为极具流动性的动态教学过程，实现了由传统的静态教学模式向动态教学模式的成功转变。

如果说我们的传统教育是以教师传授为主的教学模式，那么建构主义教学即是一种以推动学生能力发展、培养创新型人才为教学目标的新的教育范式。

长时间以来，国内的教育观念与发达国家的教育观念相比仍具有很大的差距，其之间的差距甚至要大于物质层面的差距。国内的教育观念认为教育只是“教书育人”的过程，将教学过程看作一种认知过程，而无论是教书或是认知，这些都被寄托于教育的继承性功能之上，这是一种以固定知识结构的传承为主的接受型教育。与此同时，人们通常以“首创性”来界定创新，将创新定义为重大发明或创造，令人们对学生创新能力的培养产生了质疑。对于基础教育中的创新来说，首先需要明确自身的认识标准，基础教育的教学目标并非是把所有学生都培养成为爱迪生、爱因斯坦这类的人物，从个体的角度出发，每个学生在创新方面都有自我发挥的空间，只是未必一定要达到符合社会需求的创新程度。

目前，国内大力推动教育改革的各方面措施已经初步落实，并逐步获得了成效。在创新教育的开展、学生创新能力的开发以及创造性的培养方面，等同于建构主义理论所倡导的创新性教育范式。每位学生都能够在个体原有认知的基础上通过创新的教育方式来不断扩展认知边界，进而构建并形成自我的认知结构。知识体系的构建取决于主体原有的认知结构与主体创造两个条件。因此，建构主义不仅为创新教育提供方法论与认识论方面的基础指导理论，还为创新教育的实践提供了丰富的实践经验与教育范式，推动了我国传统教育向创新教育的转型。

2. 对教学模式的再认识

近年来，“教学模式”逐渐成为国内外教学领域的研究热门。随着基础教育改革的不断深入，针对教学的实践情况来构建全新的“拓展型”“研究型”“基础型”的教学模式越发紧迫，在构建新的音乐教学模式的过程中，有些建立在教学实例的基础上，有些建立于解决问题的建构模式，有些基于教学理论来建构教学模式等。

（1）建构音乐教学模式的意义

当前的基础音乐教育改革，无论在理论探讨方面还是在应用研究方面，都较之以往更加深入，并获得了明显的成效，但总体发展还是不均衡的。在建构主义理论指导下建构的音乐教学模式，为现代的基础教育体系提供了强有力的理论框架支撑，对于现代基础教育的改革与发展具有非同寻常的意义。

音乐教学改革的实施，首先要转变传统的教学思想与教学观念，其次是对教学模式进行改革。教学模式作为教学思想和教学理论的直接体现，同时也是教育改革的核心，在改革过程中要重点推进。对教学模式的性质、功能、特征进行总体研究，促进基础音乐教学改革进一步发展，同时也启示了我们对音乐教学过程中各种因素相互作用的整体认识，加快了解决教学理论与教学实践之间的矛盾以及探寻解决二者矛盾机制的进程，推动了音乐教学理论体系的构建。创新的教学模式可以将教学理论应用于教学实践过程中，进而形成更具系统化、多元化的教学模式，具有更强的可操控性。

（2）音乐教学改革的发展趋势

教学模式跟随时代而衍生并不断发展变化，它建立在社会发展与时代需求之上。中国教学模式的开启可追溯至两千年前，在大教育家孔子的“学—思—习—行”四个环节以及《中庸》“学—问—思—辨—行”五个环节中可见教学模式的应用。

众多国家走向现代化的进程昭示着我们，人类的现代化是带动国家实现现代化的首要因素。因此，世界范围内的教育改革重点逐渐向个人的发展以及提升综合素质方向倾斜。在教学内容的设计中，更加注重课外资料的导入，不局限于刻板、单一的音乐课本之内，令学生能够接触到其他的音乐材料。课本在教学过程中只对学生起到“引路”的作用，假若将课堂知识局限于课本中，学生的学习视野也会有所限制。令学生能够深入了解音乐内涵的方式是将教学过程融入进社会生活的方方面面。西方认知心理学家布鲁纳认为：学生要成为教学过程中的参与者，而不能成为教学的被动接受者。教师的任务是辅助学生通过参与完整的教学过程而获得知识，从而构建学生个体的知识结构，令学生成为具有独立思考能力、自强自立的人。此外，要面向社会以及学生，建立一个开放式的教学空间。人民教育家陶行知先生曾倡议要解放传统封闭式的教学空间，将教学空间扩展至社会生活中，令学生在社会生活中学习文化知识。音乐课堂是动态的，并具有一定的体验性，教学实践过程中不能将其封闭起来。随着科学技术的高速发展，教学工具也越发先进并逐渐应用于教学领域。例如多媒体教学的使用等，可以使学生直接获取丰富的教学资源。

3. 建构主义理论对音乐教学模式的影响

（1）对音乐教学理论的影响

根据《标准》中的相关政策，音乐课程改革从创新角度出发，组织并设计了全新的音乐教学模式。其中对音乐教育的性质进行了重新定义，并将基础教育阶段中的音乐课确定为人文学科的重要领域，是落实综合素质教育的重要途径。强调音乐教学中的体验性，重视其在音乐教学课堂的运用。音乐教育改革还提出，音乐的本质是一种直接的精神与情感体验，这种体验获得的过程就是音乐教学的过程，必须经由主体的直接感受来完成。从这一点来看，传统的音乐教学模式显然是做不到的。《纲要》中提出教学要以“体验”为核心，教学内容的设计要以学生为主体，激发学生主动参与教学过程，满足不同层次学生的学习需求等。《标准》中对于音乐教学提出了具体要求，提倡音乐教学模式的改革要从突破传统教学模式中教师在教学中的主体地位开始，重视学生在课堂中的参与度。这些要求的提出实质上是对学生的学习方式进行转变，一改传统的静态教学方式，强调教学模式的体验性与灵活性。

音乐课程作为落实美育的主要途径之一，其最为突出的特点就是情感的审美。音乐学科的这一特性也决定了其与其他学科在教学模式上的不同。在中小学的音乐教学模式中，通常以学生的情感体验为中心，学生在教师的帮助下对音乐进行鉴赏与分析，从而加深对音乐的理解，升华情感体验。学生在学习音乐的过程中欣赏音乐、感受音乐，同时，音乐以其丰富的艺术魅力感染着学生，形成一种独特的艺术体验。因此，音乐艺术自身所具有的非语言性和不确定性都决定了音乐体验与教学模式有着紧密的联系，在大力推进音乐教育改革的今天，体验性成为新课标下音乐教学模式的主要特性。

（2）对音乐教学方式的影响

改革后的新课标音乐教学模式，强调在教学过程中教师所应具备的知识体系“建构性”。传统的音乐教学中，教师所设计的教学方案通常以格式化的教学内容为主，也就是说，在课堂实践中，教师机械化地将知识直接灌输给学生，并没有提供给学生独立思考与解决问题的空间。

《纲要》中指出，知识在于建构，是在原有的基础之上进行知识体系的打破再重建，通过外界信息的刺激从而内化为个体的知识体系，而非一味地机械灌输。这就要求我们的音乐教学模式需要密切关注学生原有的知识经验积累，教学过程重点在于扩展学生原有的知识结构，丰富学生的学习经历，探究独立自主、合作的教学方式，为学生提供更多的实践机会，促进学生构建知识体系能力的培养。

新课标指导下的音乐教学模式不再以教师的课堂传授为主要内容，而是充分发挥学生的主观能动性去构建知识体系和实现自我发展的过程。课堂教学中的建构性体现在课堂实践中的意义建构与情境建构。音乐课堂的教学模式应当创建一种能够激发学生的积极性，并能够独立自主进行知识体系建构与发展的教学环境，在这种教学环境的熏陶下，学生逐渐学会自主学习。

建构主义理论指导下的音乐教学模式注重学生原有的知识积累以及学习背景，强调学生的实践经验，重视对音乐教学内容进行探究与创新的教学模式的运用，注重音乐艺术的情感体验，进而使学生能够积极投入到音乐的学习当中，使音乐的学习过程更加富有生机与活力。所以新课标指导下的音乐教学模式与传统音乐教学模式在课堂实践中具有很大的差别，新课标下的教学过程和教学方式更具有建构性的教学特征，这也是改革后的音乐课堂对传统课堂的超越。

（3）对音乐学习方式的影响

音乐学习方式的转变是使学生能够不再接受传统教学模式中刻板、单一的知识传授，而是拓宽课堂实践方式，令学生能够自主构建知识体系，促进了学生自主学习能力的培养，强调了学生在课堂教学中的主体性。

经改革后的基础音乐教学模式，在很大程度上加速了学生的个体成长，促进了自主学习能力与创造性的培养，除此之外，还为学生提供了丰富的课堂实践机会，充分发挥了学生的创造力与自主创新潜能。

长期以来，学生一直在已经固化的传统教学环境中学习、成长，音乐课堂缺乏生机与活力，教师单方面进行知识传授成为固化的教学方式，学生缺乏独立思考的空间。过去的课堂中，教师往往以浪费时间为由取消学生课上自主发言与交流的环节，忽视了学生对于新知识的思考与自由表达，只关注学生最终反映在试卷上的分数，导致学生失去对音乐课的兴趣，逐渐形成喜欢音乐却排斥上音乐课的现象。究其原因，主要在于传统的音乐教学模式桎梏了学生的自由发挥空间，课堂实践缺失创造力与活力，禁锢学生的创造性思维，阻碍了学生的自由发展。

音乐教育的实质就是培养学生的创造力，传统音乐教学模式不但违背了音乐教育的本质还在很大程度上阻碍了学生个体的自由发展。新课标指导下的音乐教学改革就这一点加大了改革力度，摒弃了教学过程中以教师为主体的教学弊端，给予学生充分发挥自我创造能力的空间，培养了学生的创新意识与创造能力，对学生创新意识的提高与创新能力的发展起着有效的引导作用。教师在教学过程中应充当教学辅助者、支持者的角色，积极开展具有创造性的教学实践活动，丰富音乐课的教学内容，营造一个具有充足开放性与创造力的教学环境。主体性是指人作为在社会活动中的本质属性，是个体认识外部世界的主要功能体现。新课标音乐教学模式中的主体性教学在教学理念上突破了传统教学模式，是一种新的教学思想方式。其在保留传统音乐教学模式中知识框架的基础上发展了自身独特鲜明的主体特性。音乐这门学科具有很强的实操性，需要提供充分的学习空间与操作空间，尊重学生作为教学过程中的主体对象来进行教学活动。教学实践中，提供学生一定的自由选择权，调动学生对音乐学习的热情及兴趣，鼓励学生积极参与到教学过程当中，从而深切感受音乐的内涵，展示自己的音乐才能，创造个性化的音乐。

经改革后的新课标课程观将学生的发展视为音乐课堂教学模式的主要核心，强调以学生为教学过程的中心来进行教学实践，提倡“以人为本”的教育理念。与此同时，也强调了教师与学生共同作为教学过程的主体，二者在教学过程中构成合作关系，但合作的前提是教师在教学活动中为学生这个主体服务。

（4）对音乐教学设计的影响

建构主义教学方式与传统教学方式的区别在于，建构主义提出了“创设学习环境”的教学理念，这一理念看似简单但背后却蕴含着往往被教育研究者与实践者所忽视的问题，即学生是个体意义建构与主动发展的主体，学校教育主要在于培养学生自主学习以及建构认知结构的能力，而并不在于将“现存”的、“既定”的知识以机械性的教学方式灌输进学生的头脑当中。在具体的音乐教学实践中，创设符合学生的教学环境是激发学生学习兴趣的良好手段。特别是对于情感体验的艺术——音乐教学，创设良好的教学环境对学生的音乐艺术体验、激发学生学习音乐的兴趣有积极的推动作用，并且有利于建立学生的学习志趣。

音乐特性中还包含表现性与实践性，这两个特性决定了学生只有通过亲身参与并体验音乐过程，才能获得对音乐内涵的独立感受与理解。每位学生个体对音乐的感受与理解都是不同的，这并不是教师能够进行预设的，每位同学在音乐活动中的发展具有动态性，是随时可以发生变化的，不是按照教师事先设计好的教学方案来进行。尤其是在新课标改革理念的指导下，传统教学观念已经无法满足现代音乐课堂的需要，所以，音乐教学模式在新课标改革后的教学实践就显得尤为重要。

建构主义的教学观，强调教学活动中对于教学形式及内容的设计，认为教学设计不能只是简单地应用教学技术与教学方法对知识进行处理，而应是基于建构主义所创设的音乐教学模式过程的直接体现。建构主义理论下的音乐教学设计是以学生为教学设计的主体，围绕学生的需求而进行的音乐教学，为学生营造了一个具有丰富学习内容的、教与学有机结合的音乐学习环境。

总而言之，建构主义理论指导下的音乐教学模式是教师不再在教学活动中占据完全的主体地位，而是将教学的主体让位于学生，运用多样化的教学组织方式与课堂实践活动来触发学生思维的同时也培养了学生的独立思考能力，标志着新课标音乐教学模式在学校教育中的成功落实。

（四）建构主义理论下基础音乐教学模式的创新

1. 音乐教学模式的实施

在开展新课标音乐教学过程中，我们应当正确运用好以下几条重要的基本原则：

（1）发展性原则

发展性原则是指在音乐教学的课堂实践中，以促进学生的美育发展为核心，协调好学生当前审美需求与长远发展的关系。教育一直处于不断发展的过程中，特别是在音乐教学活动中要处理好教师与学生之间的主次关系，讲求在教学过程中令学生真实地感受、体验到音乐的内涵，并通过此过程来完成对音乐知识体系的认知与建构。教学的最终结果并不重要，主要在于学生在此过程中获得了什么样的体验与感受，学生正处于潜能发展的黄金时期，每个学生个体都蕴藏着巨大的艺术能量，他们可以在充满激情与活力的教学环境下积极学习积极成长。因此，我们要一改往日“重结果，轻过程”的教学弊端，真正注重学生的主体发展。

建构主义理论注重学生的个体发展性，在建构主义理论先驱的立论中就得以体现。“同化与顺应”的理论在一定程度上印证了学习活动具有的能动性，并与维果茨基所提出的“最近发展区”理论相符合。其主旨为教师辅助学生个体进行发展，教学活动是促进学习者心理机能成熟的过程。因此，音乐的教学不能只是教师单纯地向学生灌输知识，忽视了对学生潜能的挖掘与技能的培养，而应尽可能地促成学生个体的个性发展，使学生参与并享受完整的音乐教学活动，从而在其中得到知识与体验。

建构主义中的发展性原则要求音乐教学模式要具有一定的挑战性，可以在教学过程中激发学生学习音乐的热情。在为学生创设教学情境的过程中，首先要明确音乐教学最终的价值取向，这对于学生今后的发展有着重要的影响作用。如果学生进行学习的最终导向为利益，那么就会导致他们对于音乐教育的结果和社会效果产生过分的关注和期待，最终结果不如人意，从而丧失学习音乐的信心。基础音乐教育的实质是落实学生的美育与综合素质的培养，并不具有专业性质，其最终的教学价值取向是完善学生的人格和培养良好的审美素质。教学设计应符合中小学生的心理发展需求，这对教学活动中发展性原则的落实具有切实意义，所以，学校与教师在进行教学活动设计时要对音乐教学的价值取向有一个正确的引导，这对学生今后的个体发展具有重要的作用。

（2）主体性原则

在教学过程中我们应遵循“以教师为主导，学生为主体”的教学原则。学生作为教学活动的中心，是构建知识体系结构、产生认知行为的建构主体。新课标的音乐教学模式以学生为教学设计的核心，遵循学生的发展规律来进行教学活动的设置与安排。所以，在教学过程中，教师要围绕学生进行教学设计。

建构主义理论提出，主体参与并不是在过程中被动接受知识的灌输，而是主体独立对知识体系进行建构，在认知过程中发挥个体的创造性与独立思考能力，同时不断解决过程中可能出现的种种问题与挑战。教师要提供给学生充足的与教学目标相关的学习材料与学习资源，学生能够根据自身的认知水平去选择、探索、整合，使学生在教学过程中具有充足的自由选择权利。

艺术教学将尊重学生的主体性作为首要原则，并支持学生的自主认知行为，促使音乐表现逐渐转化为他们自身的行为，教师在教学过程中要给予学生充足的表现空间。在音乐教学活动中，学生的学习方法、思维方式、合作能力、情绪的表达、对课程的兴趣高低等认知行为都需要教师进行关注，并将这些因素视为促进学生发展的有效资源。强调教学过程中以学生的发展为主体，教师要尊重学生的声音，令音乐课堂更加丰富有序。

（3）差异性原则

差异性原则首先是指教学活动中要尊重学生的个性化理解。学生个体对知识的接受程度取决于其过往的知识经验与自身所建立的认知结构的质量。学生接受新知识的过程是将原有的情感、态度以及经验代入音乐学习中，结合新的知识从而构建新的认知结构，因此，在新的认知结构构建的过程中应体现出学生的个性和主观性。音乐学科本身具有丰富的社会性与人文性，这也决定了音乐具有一定的主观性与差异性。对于同样的音乐作品，不同的老师会有不同的理解方法与处理方式，学生也会因此产生不同的思想、感受与体验。

其次也表现在尊重学生本身的个体差异之上。

第一，由于学生的知识背景不同，因此需要施行“因材施教”的教学策略。对于接受知识较慢的学生要加强指导，逐渐培养其对音乐学习的兴趣。

第二，学生先天的乐感与认知水平存在一定的差距，有些学生具有较强的音乐表现力，节奏感强、音准准确，而有些则相对迟缓一些。

第三，学生的音乐基础与学习能力也呈现参差不齐的状态，有些学生自小就开始接受音乐训练，比如一些从小就对音乐具有强烈兴趣的学生，在幼儿园时就开始学习一些乐器，而有些学生则因主观或客观原因没有接受此类训练，因此也没有任何音乐基础。不同教育背景下成长的学生，其基本音乐素质也就不同。在这些因素的影响下，基于建构主义理论基础的音乐课堂就需要教师根据学生的个体特征来制定符合学生自身的音乐教学目标，最大限度上协调教学结果，真正做到因材施教。

2. 基础音乐教学模式的创新

（1）引导型教学模式

音乐课堂是具有综合性的课堂，教学的关键在于教师的引导。音乐的教学内容不能只是简单地为学生播放音乐、进行赏析，可以在欣赏音乐的同时对学生进行知识再认识的引导。“引导—寻找”教学模式是对建构主义理论中学生观与教学观的综合应用。它能够在学生欣赏音乐的同时，提供给学生进行沟通与交流的机会。

（2）探究型教学模式

探究型教学模式是指在教学过程中以探究学习、探究问题的载体为主要内容的教学模式。课堂教学以问题的探究为主要内容，并连接起教学的各个环节。当前，教育界“学科综合”的热潮开始袭来，如何将音乐与其他学科进行有机结合是我们需要思考的问题。比如，许多同学爱好音乐，了解它是具有流动性的声音，但声音又从何而来，为何在古希腊要将音乐划分为数学的学习范畴？音乐与雕塑、绘画等其他艺术形式又是怎样结合在一起的？这些都是在课堂上可以进行探讨的问题，教师需要给予学生足够的思考空间，令学生“入境”。

二、音乐历史融入中小学音乐教育的教学策略

（一）音乐史融入小学音乐教学的实践意义

在传统的小学音乐课当中，一般以唱歌课为主，欣赏课为辅，一节课的大部分时间都偏重于小学生们学会演唱教材中的歌曲，但并非所有小学生都对唱歌感兴趣，大多数小学生对音乐史故事是极感兴趣的。因小学的音乐课有时被其他主课所占，所以，小学音乐教师也可能因为赶课程的进度，较少会介绍音乐家及音乐史故事。在小学音乐教学中有机融入音乐史的实践，渗透的不仅仅是“音乐史”知识，也希望从道德思想、人文认知、意志情趣诸方面实现小学生的多元发展。而理解作曲家的写作来源和情绪情感，也会有机渗透情绪和情感的共鸣，增强音乐表现力及感染力，旨在帮助小学生们在音乐史的世界里，赏国乐之美，品西乐之妙。希望小学生们通过理解作曲家的写作来源和情绪情感，收获经典的“音乐史”知识。

1. 认知意义

新时代新文化的建设中，音乐的历史需要聆听与传承，文化教育在于培养小学生对人文历史的认知。透过音乐，我们仿佛能够听到音乐家们的心灵独白，似乎可以穿越时空，在历史的长河感受音乐。以《义勇军进行曲》（四年级）这首歌为例，教师可先介绍音乐的发展（《义勇军进行曲》在2004年3月14日，由第十届全国人民代表大会第二次会议通过宪法修正案，正式确定为中华人民共和国国歌），接着向小学生灌输爱国思想，帮助小学生们感知音乐和历史间的紧密关系，从而在演唱歌曲时加强对爱国情感的表现，小学生们也会在音乐里获得鼓舞和奋进的力量。随后，可以升华主题，启发小学生。音乐可以将人们的心连在一起。如今中国弘扬“以和为贵”美德，坚持和平发展道路。例如丰子恺《山中避雨》里提及“乐以教和”的音乐历史文化；《庄子·天下》：“以仁为恩，以义为理，以礼为行，以乐为和……”又曰：“乐以道和。”让小学生们从中理解，音乐也拥有感化人心的教育力量，使人们和睦相处。通过学习音乐里的历史，可以增强小学生们对人文历史的认知。

如同西方的古典音乐，海顿、莫扎特、贝多芬，这些音乐大师所生活的时代距离小学生很遥远，但若小学音乐教师对音乐家们进行讲述，会将小学生们穿越到古典音乐的时代，在古典音乐的历史故事里，“听海顿老爹为孩子们弹琴，欣赏童年的莫扎特站在琴凳上表演小提琴，看贝多芬紧锁眉头写交响曲”。让音乐成为孩子们身边最好的朋友，让音乐历史近在咫尺。让孩子们通过了解古典音乐家，从而对他们所处的历史时期，所创作的音乐作品萌发兴趣，从而让孩子们在音乐中快乐收获“人文历史的认知”。

2. 音乐意义

音乐史不仅具有文化传承价值，也具有审美体验价值。小学音乐教师可以用浅显易懂的语言，讲述音乐家的“内心戏”，引领小学生“入戏”，促进小学生理解作曲家的创作目的，在一定程度上，也能提高音乐表现力。众所周知，艺术是相通的，音乐与舞蹈、美术以及创作，都有着紧密且微妙的联系。舞蹈可以表现音乐，音乐可以歌颂美术，美术也可以激发音乐创作的灵感。小学音乐教师通过有目的地对小学生进行音乐素养的培养，带领小学生进入音乐世界，一起翻开“音乐史”的书籍，在历史的海洋里遨游，帮助小学生们实现有关音乐的愿望：唱歌、舞蹈、聆听音乐、鉴赏音乐等。

（1）有利于提高学生的音乐表现力

小学音乐课以演唱课为主，众所周知，小学演唱课的难度在于小学生需要演绎创作者的情感，尤其是作曲家的情感，小学音乐教师要引导小学生积累歌曲的背景知识，这样可以激发感同身受的情感共鸣，渗透到内心，转化成自身的体验和领悟，再通过演唱使之成为有感而发的歌声表达。当然，小学生的敏感度是需要培养的，小学音乐教师可以像“导演”给“小演员”说戏那样，用通俗易懂的语言，讲述音乐家心情和感情的来源，引领小学生“走心”，走入音乐家所处的背景环境，走进音乐家的内心，启发小学生内心深处的音乐感受、想象与表达。倘若小学生的心灵被一首歌曲的创作背景所触动，也将有助于他们演唱歌曲，让歌唱的情绪更为饱满，让歌声里藏着故事，寄托着爱与情感。

（2）有利于提升学生的音乐审美能力

小学生喜欢一首歌，因为这首歌，对他产生了情感共鸣，歌词所描述的与作曲家的经历有关，也与小学生自己的心情有关。情感体验是音乐鉴赏的关键，但纯音乐没有歌词。若在一节纯音乐的鉴赏课上，在小学生聆听一首音乐作品后，教师问他音乐感受时，他往往表达的是自己的感受，而不一定是作曲家真正的创作意图。一首音乐作品的速度、力度、旋律、节奏皆表现了作曲家的创作意图，但音乐的来源，是小学音乐教师需要学习的音乐方向。因此学习一首音乐作品需要分析音乐，如果不知道作品的历史来源，不了解作曲家的创作目的，是较难理解音乐作品的，所以需要小学音乐教师的“娓娓道来”来讲述音乐背后的“歌词”，帮助小学生了解音乐作品。

（3）有利于培养学生的音乐素养

音乐史融入小学音乐教学，用音乐历史故事间接传递知识文化，也许刚开始小学生对音乐家的姓名与作品处于机械记忆，但以后会逐渐转化为有意义的识记。小学音乐教师以其更新教学观念为目的，将会帮助小学生对“音乐史”知识进行吸收，从而了解音乐、理解音乐、表现音乐，达到提升小学生的音乐素养的目的。

新课标中提到：“音乐课程的设计，应正视这一客观的学科规定性，正确处理课程中音乐知识的学习，发展审美体验和文化认知能力的关系。”其中强调音乐知识所应达到的标准，也是学生音乐素养的组成部分。“音乐史”知识融合在小学音乐课中，希望可以逐渐促进小学生对人类情感的理解力、感受力，培养小学生对人类历史的悟性，逐渐发挥音乐课程的美育功能，小学音乐课将会更生动、丰富。童年的音乐史启蒙教育，将有助于小学生音乐素养的逐渐提高，增强对音乐的感悟、理解和创造能力。

（二）音乐史融入小学音乐教学的实践与思考

1. 寓学于乐的教学观

初步感知音乐作品时，师生首先可用通俗易懂的话语交流音乐家及音乐创作的背景历史，可用音乐故事为主线，引出“聆听与欣赏”“歌唱与舞蹈”。接下来，小学音乐教师展示多媒体上的音乐史知识，针对低年级的小学生，小学音乐教师可以在文字上使用拼音标注，小学生们可以自由阅读或齐读音乐史知识，或者教师朗诵作曲家的故事或生平。其次，可通过演唱或演奏音乐史里出现的音乐作品，表演音乐史里出现的舞曲，组织小学生们以音乐剧的形式表现音乐史里的故事，观看有关音乐史的短视频、纪录片、音乐家的电影等；也可以运用“游戏闯关”的教学方式等，让小学生们在竞技中学习到音乐史知识；总结音乐类型时，擅长作曲的老师可以自己创作相关音乐史的音乐作品。

2. 以人为本的学生观

苏霍姆林斯基的《怎样培养真正的人》一书中，其中一篇“爱学生就等于爱自己”，希望小学音乐教师以学生为本，根据小学生的身心发展规律，培养小学生对音乐史的兴趣，逐渐提高小学生的音乐素养。通过讲授音乐家的故事引入“音乐史”知识，运用音乐游戏激发小学生对“音乐史”知识的兴趣，采用健康格调的流行歌曲拉近小学生与经典音乐史的距离。

（1）遵循小学生的身心发展规律

在小学音乐教学中渗透音乐史知识，首先需要考虑小学生的特点，及不同年龄阶段的小学生的身心发展规律。小学生的身心发展规律存在差异性、不均衡性、阶段性、顺序性、整体性、可变性等特征。一把钥匙开一把锁，要有针对性的采取不同的音乐史教学方案。

小学生的身心发展规律存在差异性，小学音乐教师需要遵循这一重要规律，根据小学生们不同的身心发展规律，有效施教。一方面，大多数小学生们喜欢看图片多于看文字，尤其是低年级的小朋友，所以在给小学生介绍音乐史时，小学音乐教师可适当出示与音乐史相关的图片，对于中高年级的小学生，教师可以逐渐渗透“音乐史”知识。另一方面，一些小学生在接受音乐的教学中，接受能力比较弱，尤其是小学阶段的识字能力有待提高，教师可引导小学生多念几遍音乐家的名字，在以后的音乐课里可进行复习，让小学生们在潜移默化中逐渐记住音乐家的名字。

小学生的心理发展规律存在阶段性，考虑到小学低年级受到语言能力和认知能力的限制，需要小学音乐教师运用语言艺术讲授音乐故事。小学中年级的音乐接受能力有所提高，但仍需要以具体形象思维为支柱，小学音乐教师可以适当讲授相关音乐史，引导他们初步了解相关音乐史常识。小学高年级的学生音乐接受能力较强，相对而言，小学音乐教师可以进行较宽范围的音乐史常识的口传心授，例如希望他们可以初步识别有代表性的音乐家。

因此，对于小学音乐教学，需要考虑到小学音乐教材的可渗透的知识范围，要针对不同年龄段的学生，合理安排课时计划，设置好不同教学目标，不能将“音乐史”知识作为死记硬背的教学目标，例如小学低年级重在培养对音乐史的兴趣，小学中年级的目标是初步掌握音乐史的常识，小学高年级的目标是掌握音乐史常识。最后，无论是教材分析，还是教师对音乐的讲解上，建议小学教师在备课中，将“音乐史”知识做好总结，讲解和多媒体展示力求简单扼要，介绍有关中外音乐发展的简要历史，使小学生们较快理解。

（2）激发学生的学习兴趣

通过研究音乐家的传记，对其生平经历进行深入了解，能够增强学生对音乐作品的学习兴趣，同时也提高了教师自身的音乐素养，增强了自身的知识素养、教学经验，以及音乐情感带来的精神力量。

在课堂上适当导入格调健康的流行歌曲，渗透在小学音乐教学中，采用格调健康的流行歌曲拉近小学生与经典作品的距离。其一是中国音乐。譬如方大同的《南音》，教师在导入时，唱这首《南音》，引出人音版教材里刘天华的《空山鸟语》的二胡作品。此外，还有蕴含古代文化元素的流行歌曲，如王力宏演唱的《三字经》，以及融合历史元素的流行歌曲，如林俊杰演唱的《曹操》也可以运用在小学音乐课中。其二是中国戏曲。现如今，安庆在推行黄梅戏进校园活动，小学音乐教师也可以介绍关于黄梅戏的历史，例如吴琼演唱的黄梅歌《对花》，也可以在音乐课中推荐给小学生们聆听欣赏。另外，我国的京剧国粹也可以运用流行歌曲渗透在音乐课堂，例如流行歌曲《前门情思大碗茶》。其三是西方音乐。立足西方音乐和流行歌曲相结合，例如郑毅演唱的《贝多芬的悲伤》是借贝多芬为主题的歌曲；又如《乐队的夏天》里“面孔乐队”和罗琦合作演唱的《欢乐颂》，也采样了贝多芬的《第九“合唱”交响曲》。其四是民族民间音乐，它也是有待研究的优秀资源，也可以借鉴民歌元素的音乐，促进“音乐史”知识融入小学音乐教学。这些都可以运用在课堂中，尤其可以用在导入里，引起小学生们强烈的学习愿望。除此而外，小学音乐教师也可以介绍现当代流行歌手及钢琴家的成长奋斗经历，例如王力宏和郎朗等。

3. 开放生成的教学观

（1）以教材中音乐史时期为主线来开展音乐教学

人音版小学音乐教材中有关中西方音乐史的作品，主要从欣赏课、演唱课两类课编入进去，但还是以欣赏课为主。以下分别对小学音乐教材里可行的中西方音乐史专题欣赏课进行阐述，并提出相关的设想。

①中国音乐史分期

人音版小学音乐教材中有关中国音乐史的作品，从古代音乐里的古曲、古琴音乐、近代音乐，一直延续到现代音乐，主要集中在20世纪和现代音乐，可以为小学高年级学生开设20世纪音乐和现代音乐专题课。以20世纪革命战争为专题的音乐为例，可以选用人音版小学音乐教材里，提及的作曲家聂耳的《中华人民共和国国歌》（一年级、四年级），《卖报歌》（二年级）、冼星海的《只怕不抵抗》（三年级）以及贺绿汀的音乐作品等。教师引导小学生们，此时期的音乐家写的音乐大多来源于人民的生活、情趣、愿望、理想，体现人民团结斗争、勇往直前的革命精神，人民也在他们的音乐里获得鼓舞和团结的力量。例如冼星海的《只怕不抵抗》，他创作这首歌曲时正处在抗日战争期间，他面对祖国危急的局势，毅然投身于抗日救亡的歌咏运动，他认为“中国人所需求的是普遍音乐，学音乐的人要负起一个重责的中国”。以上提及的音乐作品，皆可以作为20世纪革命战争年代的音乐欣赏课素材。

②西方音乐史分期

小学音乐教材里西方音乐史通常都是从巴洛克时期到20世纪的音乐流派为起止点的，其大部分知识主要集中在浪漫主义时期，小学音乐教师也可以为浪漫主义音乐开设一节“浪漫主义时期的音乐”专题课。浪漫主义音乐主要包括了舒曼、舒伯特、门德尔松、肖邦等音乐家的音乐作品。可以选用人音版小学音乐教材里提及的音乐作品，如舒曼的《梦幻曲》（四年级）、舒伯特的《摇篮曲》（四年级）等。教师可启发小学生们，此时期的音乐家写的音乐大多表达感情、愿望、理想。例如柴可夫斯基的《四小天鹅舞曲》，教师可以在专题课上简要介绍柴可夫斯基：柴可夫斯基是俄国的作曲家、音乐教育家，被誉为“舞剧音乐大师”和“旋律大师”，我们都亲切地称呼他为“老柴”，他一生写过数部美妙且动人心弦的音乐。据说最初他的父亲不赞成他学音乐，但倔强的柴可夫斯基没有放弃，可以说，从柴可夫斯基学习音乐开始，属于他的音乐时代就到来了。以上提及的教学内容，皆可以作为“浪漫主义时期音乐”欣赏课的素材。

（2）以教材中音乐家为主线来开展教学活动

人音版小学音乐教材中被重点提及的音乐家有冼星海、刘天华、柴可夫斯基等，建议皆可以为这些音乐家各开设一节有关音乐欣赏的专题课。

综合以上分析，人音版小学音乐教材里重点提及的中西音乐家各有四位。除此以外，六年级下册音乐教材的活页习题里，第七课的第二题涉及“搜集德国作曲家贝多芬的有关资料，记录下来与同学交流”，也体现了音乐史知识在小学音乐教材里的融合。由此可见，对上述音乐课所提及的音乐史知识，需要小学音乐教师结合中西方音乐史知识进行备课与讲解。关于中国音乐，主要有丁善德、谷建芬、聂耳、贺绿汀、冼星海和黄自的音乐作品等。例如小学音乐教师可以为四年级的小学生开设一节“贺绿汀的音乐作品赏析课”，选用作曲家贺绿汀的《牧童短笛》（一年级）、《晚会》（二年级）、《森吉德玛》（三年级）、《摇篮曲》（四年级），介绍贺绿汀的音乐作品及其生平。关于西方音乐，人音版小学音乐教材里主要有圣-桑的管弦乐组曲《动物狂欢节》里 13 首特性小曲里的四首小曲，《袋鼠》（一年级）、《大象》（一年级）、《公鸡母鸡》（二年级）、《狮王进行曲》（二年级），小学音乐教师可以通过引导三年级小学生们复习这几首乐曲，延伸《动物狂欢节》里其他音乐作品的片段，介绍作曲家圣-桑。

4. 科学创新的教材观

（1）将国乐作品融入音乐教材

现如今，因很多家长都倾向于用西方古典音乐对孩子进行启蒙音乐教育，大多数的小学生对西方古典音乐的认知多于中国传统音乐。正如马前锋（2008）在其博士学位论文里提及“特别是五音疗法，反映了传统的‘天人合一’思想。五音疗法整合了人与自然、社会的相互作用和影响；体现了对音乐与情绪及脏腑之间的互动关系；凸显了音声与人格情志、脏器等的关系”。如同古琴音乐带来音乐治疗的效果，小学音乐教材可以适当添加古琴音乐，例如《阳春白雪》《梅花三弄》等，小学音乐教师可以借此介绍古琴的音乐史，引领小学生找寻古琴音乐的源头；再如《七子之歌》澳门回归选择的是五声调式里的音乐，深刻表达了民族意志与民族气质。此外，流行歌曲里也有古代的音乐元素，如流行歌曲《男儿当自强》

（根据《将军令》的曲调而成）。随着中国音乐的发展，优秀的中国传统音乐作品也建议纳入“小学音乐史绘本教材”。

我国的戏曲音乐里也包含“音乐史”知识，如《流水恋歌》《唱脸谱》等，这类流行歌曲借鉴戏曲里的中国元素，有利于学生对中国音乐及音乐史产生兴趣。人音版小学音乐教材只有一首黄梅戏《打猪草》。其实，黄梅剧《英雄小八路》中的《祖国大地真可爱》（少先队齐唱唱段）、《我们的理想》（男女童声唱段），它们的歌词积极向上，也适宜纳入小学音乐教材，利于小学生们接受传统文化的熏陶，引起学生们对传统音乐的兴趣，传承传统文化，弘扬国乐经典。

（2）以古典音乐丰富音乐教材

现今，一些家长对孩子学习古典音乐的意义有所偏移，除了用之胎教与启蒙，更多是希望孩子们学钢琴和其他西洋乐器，以参加考级与比赛的功利为目的，但可能会使孩子对音乐丧失兴趣。希望“小学音乐史绘本教材”可以带给孩子们更多对西方古典音乐的认知与乐趣。在田艺苗教授的书中，例如莫扎特的《小夜曲》、穆索尔斯基的《图画展览会》、舒曼的《童年情景》等，这类悠扬动听的古典音乐皆可添加到小学音乐的各类教材上。

我国的流行歌曲里提到的西方音乐作品，也建议纳入小学音乐史教材。如王国东（2016）在他的毕业论文中提倡“引导学生全身心参与课堂内的教学，获得审美愉悦体验；创设良好的课外古典音乐教育氛围，培养学生的兴趣爱好”。流行歌曲里朱星辰的《盗梦贝多芬》，歌词里除了提及交响曲里的《英雄》《欢乐颂》，还出现了贝多芬的钢琴奏鸣曲《悲怆》《暴风雨》和《月光》，贝多芬的这些优秀作品也可以选择性地纳入小学音乐教材。另外，周笔畅《倒叙的时光》这首歌的前奏和间奏中，运用了莫扎特《C 大调钢琴小奏鸣曲》中一大段乐曲的旋律。这类经典的古典音乐作品都可以考虑增加到小学音乐教材或音乐史绘本，建议小学音乐教材适时更新内容。人音版小学音乐教材中西方古典音乐提及较少，尤其是低年级的小学音乐教材，尚未发现西方古典音乐，但研究发现古典音乐可以开发孩子们的智力。西方古典音乐拥有丰富的体裁，风格迥异，会给小学生们带来更多奇妙的音乐体验。

5. 融合发展的课程资源观

小学音乐教师应该树立融合发展的课程资源观，整合并优化课程资源，包括教育资源、网络资源、社会资源。充分发挥各种课程资源的音乐教育功能，有助于小学音乐史的教学，使之为小学音乐课程的实施和教学服务。旨在运用多元途径增强教师的音乐素养，从多方面开拓小学生的音乐史审美视野，促进教学相长及师生的共同发展。

(1) 多元途径推进教师的音乐素养

小学音乐教师需要提高自身的知识素养与道德素养，教师的教育观、世界观及知识面都对小学生有所影响，因此在“音乐课和音乐史的对接”的教学上，运用多元途径增强教师的音乐素养必要且可行，因此，建议如下：

第一，需要加强教研交流。建议学校间加强师资的交流和培训，如开展小学音乐史示范课、微课、竞赛课、有关音乐史的音乐讲座等，鼓励小学音乐教师积极参加各级各类的教研活动，有助于小学音乐教师的专业成长。另外，建议小学引进音乐史专业的音乐教师，引领小学音乐教师研究音乐史，营造教研氛围，从而将更权威的“音乐史”知识教授给小学生。

第二，需要运用网络资源。建议小学音乐教师采取信息技术学习“音乐史教学”。适当运用信息技术和多媒体，充分利用各种平台，实现不同区域间的教育资源共享，尤其希冀加强边远地区和贫困地区的音乐史教学，可以开展名师的网络教学，实现教育公平。推荐小学音乐教师聆听田艺苗教授的音乐听书节目，她的《给孩子们的音乐课》里介绍了“音乐神童、音乐家族的故事”，其中有关古典乐简史的讲解，值得我们去学习和思考。

第三，教师需要藏息相辅。期待有条件的学校安排一间图书馆，并在小学教室里的阅览角，摆放音乐史的绘本，供教师阅读参考与借鉴。教师在课外也需多阅读关于音乐史的书籍，多钻研音乐教材；并对现有的教材内容进行适宜的补充和优化，运用创新、灵活的音乐教学能力及方法；课后建立学习日记和反思日记，如教育家叶澜所说的：“三年的反思可以成为一名名师。”便于及时发现小学音乐教学中出现的不足。

(2) 多方面开拓学生的视野

小学生是我们需要重点栽培的“未来”，开拓小学生的音乐史审美，希冀我们的下一代有更多的审美与信心，有更广阔的未来和可能性。教育需要遵循一致性和连贯性原则，运用网络、社会、校园各领域的学习资源，形成“家、校、社”三合一的多方教育，充分利用学习资源。

关于学习资源，将以下层面予以论述。其一，网络资源。小学音乐教师鼓励小学生们平时多听音乐，以及发挥网络资源的作用，例如观看网络上的数字音乐厅的直播，例如柏林爱乐乐团的数字音乐厅，此厅可以观看音乐会，进入音乐会的档案库，还可根据分类选择喜欢的各时期的音乐家作品及音乐教育。在音乐老师及家长的帮助下，也可以搜集相关专业性的音乐史故事和短视频，聆听音乐家的代表作。据 2020 年 6 月 1 日新闻消息：“‘腾讯荷风艺术行动’和全民 K 歌公布了‘互联网音乐教室计划’的项目进展，计划中的 100 个音乐教室已全部落地，覆盖 10 个省份，为超过 80000 名乡村师生提供音乐教学服务。”乡镇的小学生也有更多的机会接触到音乐，共享音乐带来的精神财富。其二，社会资源。建议小学音乐教师多鼓励小学生在老师及家长的带领下，走近社会资源，如少年宫，参加校外基地、音乐会和音乐节，参观音乐家故居，观看关于音乐家的电影。其三，校园资源。如前文所述的“图书馆与阅读角”，有条件的小学，可将一些著名的音乐家及代表作汇集起来，通过橱窗向小学生展示，也可以通过校园的广播站向小学生讲述音乐家的小故事，以及建立适合儿童的音乐史资源数据库。包括前文提及的音乐史课程资源，以小学生的可接受性为主，适当增加音乐史知识资源的规模。建议擅长作曲的小学音乐教师创作关于音乐史的音乐作品，为小学生们树立学习的榜样，激励小学生们对音乐史的兴趣。

三、事件观视域下初中音乐生成性教学的转变策略

（一）生成性音乐教学概述

1. 国外生成性教学研究

西方国家对于“生成性教学”的认识最早可追溯至古希腊时期的哲学家苏格拉底。在后期研究中呈现出多样化的发展趋势，18—20 世纪西方生成性教学思想在后续的教学法研究中表现尤为突出。

启蒙运动后的不同时期中，西方的著名教育家、思想家在生成性教育的研究方面都有所论著，论述具有个性化的同时也有许多共同点。比如，

强调教学方法的多样性、注重学生在教学活动中的主体性、重视学生自主探究能力的培养等，这些都是生成性教学的集中体现。

据此可知，西方各国的生成性教学理论研究的局面自启蒙至发展时期逐渐开始明朗起来，呈现出多元化发展的趋势。以音乐学科的角度来看，西方国家的生成性教学理论在一定程度上能够为国内生成性教学提供全新的视角，推动国内生成性教学理论研究的发展。

2. 国内生成性教学研究

总体看来，国外有关于生成性教学的理论研究要滞后于我国，国内的生成性教学研究启蒙最早出现在春秋战国时期，正值中国社会性质发生转变的关键时期，此时的教学方式也随之有了新的变化。《论语》与《学记》中的一些教学主张与看法，已经显示出生成性教学的萌芽。通过对过往各个时期中一些思想家与教育家对教学活动的相关认识，来深入了解当时思想家与教育家对生成性教学的重视程度。比如，陶行知提出“生活即教育”的理念等。经过历代教育家对生成性教学的思考与探索并从中总结了丰富的理论经验，为我国生成性教学的研究提供了坚实的理论基础。

但同时，我们在搜集生成性教学的相关文献资料时发现，中国的“生成性教学”思想大多与政治、哲学、伦理等其他领域混杂在一起进行论述，并未形成独立的学科体系，“生成性教学”这一思想也并没有被明确提出，只是一种经验性的概括。因此，过去对于“生成性教学”的认知，也仅仅停留在感性认识的阶段。课堂动态生成的理念在当时虽然并未被明确提出，但在其立论与实践活动中已经显露出对生成性教学的探索与思考，并为后来生成性教学体系的形成奠定了理论与实践基础。

依目前国内的发展进程来看，对生成性教学的研究已经开始步入正轨，形成了较以往更具系统化与多元化的理论体系，并随着新一轮课程改革的热潮而受到人们的广泛关注。华东师范大学叶澜教授是国内最早明确提出“生成性教学”思想的先驱者，在其发表的《让课堂焕发出生命活力》《重建课堂教学价值观》等多篇论文中都有“生成性教学”的相关论述。她在文中所提出的“动态生成”的基本教学理念也被许多学者在不同论述中广泛引用。

国内目前对“生成性教学”的研究面极为广泛，主要集中于生成性教学的目标、教学设计以及行为研究等几个方面，各领域的学术期刊中也有很多将学科与生成性教学结合进行阐述的论文学说。

由此可见，国内生成性教学研究在实践层面或是理论层面都有突破性的进展。近些年国内对于生成性教学的研究主要集中于生成性教学的资源、生成机制、模式以及基础教育学科等领域，并与语文、数学、英语等基础教育学科进行结合，探讨学科融合的学术价值与其具备的实践可行性。同时，有关于生成性教学的论文著述也是不胜枚举，主要包括对生成性教学内涵、生成性教学的基本特征以及生成性教学模式等的探讨与论述，研究涉及多个领域，从而形成了国内生成性教学研究的多样化发展趋势。

（二）生成性音乐教学的研究现状

1. 专著类

国内最早将生成性教育理念与音乐教育相融合的是我国美学家、艺术教育家滕守尧，并提出生态式艺术教育的创新型教育模式。在其所著《艺术与创生》一书中，具体论述了生态式艺术教育理论和实践方法以及可进行具体操作的教材。生态式艺术教育体现出了其教育模式所具有的生成性教育理念，生成性的艺术教育注重艺术教育过程中的种种因素是互相作用并推动内在不断发展的有机生态式关系。这种生态关系强调的是事物之间的“对话精神”，对话过程即生成过程，在冷与热之间的交融中，创造出“温”的环境，“温”即意味着新事物的产生。同时，他认为“生成法是艺术教育的主导方法”。生成法是指由教师在教学实践中营造一种开放性的教学氛围，从而激发学生的学习主动性，对课堂知识进行积极探索，教师再依据学生的发现成果，进行引申与课外思考。因此，这种教学模式充分地体现出生成性与即兴创造性，主要指向于发现并解决师生有共同兴趣点的问题。在教研员吴锐森主编的一书中，以专题形式对中小学音乐动态生成教学做了一个简单的介绍，分别从主题内涵、案例描述与评析以及资料链接等方面对生成性音乐教学进行了具体论述。由此可以看出，生成性教学倡导以学生为主，充分挖掘学生的探究潜能，展现课堂教学的真实性。

2. 论文类

近些年国内对于生成性教学的研究越发广泛，通过中国知网数据库的检索查询可知，关于“生成性教学”的期刊论文共有21篇，硕博论文共有两篇。另还有两篇与艺术教育的生成问题研究相关的论文。近几年音乐教育类刊物上有关于生成性音乐教学的研究论文数量也在不断增多中，论文主要涉及生成性教学应用于基础教育音乐课堂的实践探究，足见生成性音乐教学的研究已经由理论探究逐渐转变为实践探究。在范晓君《新课程观下的音乐教学方法探究》一文中，重点对音乐教学方法进行了具体论述与探究，并首次提出了“生成—情境教学法”这一教学理念，但其仅从理论上加以阐述，并未对实践应用方面进行论述。

通过国内众多不同领域、不同学科学者对生成性教学体系的不断探究与发展，生成性教学在音乐学科中的应用研究逐渐细化，音乐教育界的学者们在自己所写的论文中从不同角度、不同层面对生成性音乐教学进行了探究。但从近几年期刊论文来看，对生成性音乐教学的研究仍有大部分流于表面，并未有深刻的剖析与立论，存在盲目跟风现象，这是值得广大音乐教育从业者深思的问题。

第二节　情境性教学策略

一、情境性教学概述

情境性教学是由于某种富有感情色彩的活动而产生的一种特有的心理氛围，以生动形象的情境激起学生学习情绪为手段的一种教学方法。尤其对于情感的艺术——音乐教学，情境教学不仅有利于激发学生学习兴趣，促进创作教学的深入，更能帮助学生进行音乐理解的“内化”，完成音乐教学的目的。情境教学的方法指的就是教师对学生的学习情况都有所了解之后，灵活运用教学方式，科学合理地为学生营造良好的、生动有趣的教学情境进行教学。在音乐课堂上运用情境教学的方式，教师要为学生创建良好的教学情境，促进师生之间的关系得到进一步的加强，引导学生进行正确的音乐学习，提高学生的音乐素养和音乐审美，激发学生的创新意识，从而实现音乐教学的目标。

二、建构主义理论下的情境性教学

由情境认知与情境学习为基础理论所构建的情境性教学体系，是通过教育学、心理学与人类学等众多领域的专家学者对情境教学进行深入探究而被提出并建立的。情境性教学在音乐教学中呈现出方兴未艾的状态，特别是在国家大力推动课程改革之后，许多音乐教师与教学评估者对音乐情境性教学给予了充分重视。创设一个良好的情境是唤醒艺术的重要手段，尤其针对有“情感的艺术”之称的音乐教学，更加具有必要性。情境创设应用于音乐教学中的作用主要表现在以下几方面：

第一，在基础教育阶段的音乐课堂中，鲜少有活跃课堂气氛的教学环节存在，通常是教师为学生播放需要欣赏、分析的歌曲，并进行歌曲相关知识的讲授来作为课堂结尾。情境创设应用于音乐课堂教学中，有利于学生更加直观地感受到音乐的艺术魅力，激发学生的学习兴趣。由于音乐艺术具有独特的模糊性与非语义性，主要通过各种不同的乐汇来表达内涵，并不能通过语言准确地描绘出来，不同的人在不同的情境下倾听同一首作品都会产生不同的感受与体验。基础教育阶段的学生尚处于心智发展萌芽阶段，创设与作品相关的情境，有利于学生感受音乐的美。

第二，情境创设有助于学生进一步理解音乐内涵，从而建立学习音乐的兴趣。大部分学生在听赏交响乐时都抱怨其枯燥、乏味，其中最主要的原因在于国内学生长期在单声部的音乐环境中熏陶成长，对于编制庞大且具有辉煌的音响效果的西方交响乐，一时之间难以接受。将创设情境的教学方法融入课堂当中，要求教师根据作品背景进行相关情境的创设，使学生通过情境来更好地理解音乐内涵。例如在对贝多芬的《第九（合唱）交响曲》进行听赏时，教师可根据这首歌曲的超长创作时间来进行问题情境的创设：“是什么原因导致贝多芬耗费 20 多年的时间来创作这首歌曲？”问题一出就会引起学生的集中思考，至于超长的创作时间是因为贝多芬一直在考虑运用哪一种形式来表现音乐主题，最终他选取了人声作为主要的音乐表现形式。选用这种方式进行课堂教学，能够使学生更好地理解音乐作品，课堂情境的创设引起了学生对音乐作品的思考，消除了对交响音乐的恐惧，激起了学习交响乐的热情，而不是在被迫接受的情况下学习。

第三，在教学中加入创设情境的教学方法，有助于学生发现音乐、创造音乐，构建起音乐学习的志趣。通过课堂知识与现实生活的结合来创设情境，将课堂贴近现实生活更有利于学生发现和创造音乐。在春天到来之际，教师带领学生去大自然中寻找音乐，大自然中的各种声音都有其自然的规律，譬如布谷鸟的叫声近似三度音程，泉水叮咚的声音我们可以用碰铃来模仿替代等等，大自然为学生创造并提供了大量的声音素材，学生在情境下得以感受音乐产生、再创造的过程，意识到音乐在生活中是无处不在的，从而建立长期学习音乐的志趣。

（一）创造以学生为主体的情境

建构主义强调学生在获取知识过程中的自主性与主体性，不存在永恒的真理，保持对知识的怀疑与探索，认为知识并不是独立于人类存在、用来解释世界的精确法则，而是个体在外部世界的相互作用下完成的思想体系建构。在音乐教学过程中，学生应积极参与到教学活动中，做音乐的表演者、创造者和欣赏者，教学活动中的各个环节都应体现出学生的主体性，要求音乐的情境创设围绕学生来进行，相对客观并具有创造性的情境有利于实现学生在教学活动中的主体性。

1. 以客观情境来创设学生主体性的情境

创设相对客观的情境要求教师不掺杂过多的个人主观意识，避免对情境进行过度渲染与夸张表现。音乐艺术具有一定的抽象性，正是这一点使得学生对音乐的审美感知趋向个性化、多元化，因此，创设相对客观的情境使学生能够自主构建个性化的情感体验。例如，长沙市一中教师罗月恒在教授湘教版音乐教材中的《一个人在巴黎》一课时，将背景音乐隐去播放《一个人在巴黎》影片中的三个场景，同时提供给学生影片中的三段原始音乐，让学生来进行场景与音乐的搭配。在此过程中，学生能够发表自己对音乐的思考与看法，教师在其中评析、肯定他们不同的音乐感受，并鼓励他们进行不同的尝试，最终达到音乐与场景的搭配和谐。在这节课中，教师运用将背景音乐隐去的方法，创设了以学生为教学核心的情境，特别是在学生独立尝试将音乐与场景搭配的环节，给予了学生高度的自主权，在搭配过程中体现了学生基于个体的认知结构、思维方式来赋予客观情境以主观意义。学生不再是教学活动的被动接受者，而是基于个人的认知结构来解读外部世界，并不断完善内在知识体系。

2. 以创造性情境创设学生主体性的情境

音乐艺术同样具有创造性，并作为其独特的审美特征体现在教学过程的各个环节中，富有创造性的情境是指具有丰富创造素材的情境，学生在这种情境之下放弃简单模仿和记忆的学习。奥尔夫教学法就强调创造性思维的训练，在此教学法指导下的音乐课堂成为充满创造性的创新课堂。奥尔夫教学法中学生能够运用各种乐器来演奏不同的音型、节奏，应用拍掌、拍腿、跺脚和捻指这四个简易的身体动作来为歌曲伴奏。在演奏过程中，教师不对学生做出具体要求，而是鼓励他们进行即兴创作，学生不再是教学活动的观众，而成为教学活动的参与者，是组成音乐教学活动的一部分，因此，具有丰富创造素材的情境，为学生充分发挥其主导性提供了良好的平台。

（二）创设与实际情境相结合的情境

建构主义理论认为，在学生的学习过程中涉及“同化”和“顺应”这两个基本过程。学生在这两个过程中都是运用自身原有的认知结构与知识经验来构建现实。经验的形成与现实的外部世界息息相关，建构主义理论指导下的教学可以证明创设贴近现实生活的情境，有利于学生知识的迁移与记忆，当遇到与现实境遇相同的情境时，学生会主动用过往的经验来解决问题。可见，创设与实际相结合的情境将有效推动“同化”与“顺应”过程，促进学生知识体系的构建。

1. 通过学生熟悉的场景，创设与实际情境相结合的情境

在实际的音乐课堂中，教师与同学的现场示范相比于播放音响资料，更能引起学生的情感共鸣，促进学生对音乐内涵的进一步理解，加深学生对音乐相关知识的印象。信息时代的到来，推动了音乐传播媒介的发展，各式各样的音乐在我们的生活中出现并广泛传播，而其中广受学生喜爱的流行音乐，则被一些教师以其不具有深刻的思想性与教育性而嗤之以鼻，并排斥甚至反对学生关注流行音乐。流行音乐作为受广大学生喜爱的音乐门类，正是学生所熟悉的情境，教师盲目对其进行攻击、排斥，只会反作用于课堂，令学生越发厌倦音乐课本的内容。教师可在创设情境时加入流行音乐的相关元素，选择优秀的音乐作品，去粗取精，为音乐教学提供素材。

2. 通过角色扮演，创设与实际情境相结合的情境

艺术教育具备一定的形象基础。其具有的形象性有助于促进学生对音乐的感受与体验、鉴赏与评价、表现与创造能力。学生通过课堂上的角色扮演，塑造生动的角色来进一步理解音乐作品的内涵，小型的音乐剧、舞台剧、话剧以及小故事中的形象扮演都会令学生产生身临其境的感觉，并真正对音乐作品的内涵进行感受与解读。譬如，学生在听赏《动物狂欢节》时，让学生扮演动物园中的各种动物，如狮子、天鹅、公鸡等，学生在准备角色时，会更加注意音乐作品的节奏、音调以及与同学之间的相互配合。虽然情境是虚构的，但学生在进行实际表演，这种场景的创设更能激起学生对音乐的真实感悟。

（三）创设相互交流、合作的学习情境

建构主义学习理论倡导社会互动，认为合作与交流是促进意义建构多元化的重要手段。学生之间通过交流、探讨各自不同的想法与见解，能够加深对知识的理解，并完善个体的认知结构。因此，教师、学者或同伴的不同观点可以加以协商，共同构成一个知识库，学生们可以从中对来源不同的知识与真理进行评价与探讨。每位个体由于人生经历与学习背景的不同而对同一首音乐作品产生不同的感受和理解，更由于学生相异的认知结构，而导致对作品的理解天差地别。

学生在进行二胡作品《二泉映月》的听赏时，对其音乐内涵的理解各不相同，有的学生从中感受到的是悲愤，有的是无奈，而有的是哀伤，正是音乐艺术具有多元感知的审美特性，使得学生对音乐作品产生不同的理解与感受。在课堂教学中，教师可以将学生划分为小组，以小组讨论的形式促进学生间的沟通与交流，课外多举办与音乐相关的活动进行师生间更广泛的互动。

教学过程中强调集体活动之于个体学习中的发展作用，既要组织学生之间相互交流学习，又要创设良好的师生沟通情境。随着科技的高速发展，多媒体的广泛应用，教学活动中师生之间的交流转变为了“人机对话”，学生获取知识的方法更多是通过电脑，师生之间真实发生的情感交流则逐渐减少甚至缺失，音乐是情感的艺术，音乐教学缺少了情感的交流则会使音乐成为枯燥、空洞的韵律机器。

建构主义学习理论将学生个体的发展由静态逐渐转变为动态，这一观点立于维果茨基“最近发展区理论”的基础之上。维果茨基提出：儿童在成人的辅助与指导下所到达的水准与他独立于他人帮助之下所发展的水平之间的差距，其中的差距即为“儿童最近发展区”。教师处于发展区之间发挥着重要的辅助作用，学生通过教师的帮助能够达到他们的最高发展点。建构主义注重师生间的合作，在音乐教学中教师为学生提供“框架”，有助于学生获得更深入的情感体验与理性认识。

三、核心素养理念下的情境性教学

（一）依据音乐感知要素创设情境

开展情境教学法的首要步骤是创设情境。在众多创设情境的手段中，音乐教师往往会选择从音乐素材的主题内容入手，选择运用多媒体课件、图片、视频、教具以及讲故事等形式，让学生共情。但这类手段仅可将学生带入单一维度的“情境”中，能够简单地唤起他们日常生活中的一般情感，但难以使学生将这种情感迁移到音乐中，获得音乐上的情感体验。因此，在音乐课上创设情境，除了从歌曲内容入手外，更应该从音乐的体裁、调式调性、节奏节拍、旋律特点、曲式和声等感知要素入手来创设情境。

例如在进行古典主义时期的《小步舞曲》学习时，除了给学生出示当时人们着装的图片来营造情境外，更需要音乐老师能够分析出这一时期的小步舞的节拍特点、速度特点以及时代风格特点，让学生亲身参与学习小步舞的跳法、亲身模仿当时贵族的宫廷礼仪等活动来感受这类体裁的特点。结合音乐元素来创设情境，更易让学生走入情境中。

（二）依据音乐表现形式发展情境

情境创设完成之后，接下来就可以进行情境教学最关键的一步——引导学生发展情境。学生在参与音乐活动的过程中感受到自己作为所创设的情境中的一员，并融入其中产生真实的体验与感受。学生通过情境的情感自主体验的积累，逐渐丰富了自身的音乐理论知识与经验，最终构建成感性音乐经验体系。在情境化教学环境中成长起来的学生，能够对生活产生真实的反馈与感受，令学生更加热爱生活。

（三）依据音乐内涵升华情境

在此阶段中，教师可组织学生根据相应情境来对音乐进行创编，进而形成一个完整的音乐作品。要求学生在过程中要充分展示出音乐的主题内容、表现要素以及表现形式等方面，借用音乐作品来表达出内心的情感。这一感性实践活动结束之后，教师可以引导学生对音乐作品进行理论上的分析，逐步梳理出其音乐发展的内在逻辑，归纳音乐风格特点及音乐理论知识等基础内容。因此，最后的这一阶段是促使学生在感性与理性的双重刺激下进行音乐的深入理解，从而完成音乐的情感体验与音乐文化内涵理解的升华。

第三节　开放性教学策略

一、开放性教学概述

开放性音乐教学是指以创新性为特征的音乐学习形式，是相对于过去传统封闭的模式而提出的概念。新课程提出了音乐教学的开放性，是针对传统音乐教学中的强制僵化、整齐划一等弊端提出的全新音乐教学理念。音乐教学开放性具有丰富的内涵，如教学目标的开放性、教学内容的开放性、教学形式的开放性、教学过程的开放性、教学时空的开放性、教学评价的开放性等等。

新课程确立了情感态度与价值观、过程与方法、知识与技能三位一体的开放课程与教学目标，它是开放性音乐教学的核心内涵，特别是将情感态度与价值观目标设定为第一维度，突出了音乐学科的审美属性，也突出了音乐学科的人文核心素养，也体现了素质教育的内涵与思想。传统音乐课堂教学只关注知识的接受和技能的训练，忽视了音乐学习方法的指导，也忽视了学生的审美体验。新课程的音乐课堂教学十分注重情感态度与价值观、过程与方法、知识与技能三个维度目标的有机整合，在关注学习知识的同时，更加注重过程、方法和情感体验。

（一）关注学生情感价值观的培养

推动音乐课堂教学过程成为学生对音乐进行情绪体验与感受的过程，强调体验音乐情绪的同时要思考，促成人情感变化的核心音乐要素是什么，这些情趣情感的变化对于学生形成一种高尚的道德生活和丰富的人生有什么样的作用。对于国内外众多的优秀音乐宝藏，学生应如何进行传承与发展。

（二）注重教学过程与方法

一方面，将过程方法作为课程目标中的突出点着重进行探讨与设计；另一方面，要求音乐知识的习得必须通过体验来获得，让学生通过律动、声势、歌唱、沙龙研讨等多种课外实践活动，将感性体验上升为理性认知。同时，发挥学生音乐学习的独特性，加强学生掌握音乐学习的基本规律和方法。

音乐课堂教学不应当是一个封闭系统，也不应拘泥于预先设定的固定不变的程式。新课程教学过程提倡预设与生成的有机统一，预设的教学过程尽管也是充分地考虑了教学目标、教学内容、受众学生的各种因素，但是在实际的教学过程中会发生这样或那样的情况，特别是一些突发的教学情况。这些突发情况是一种重要的教学资源，对于学生的学习和发展具有独特的价值。因此，教师不能僵化地使用教案，而是在引导学生学习过程中捕捉教育灵感，提升教育智慧。

音乐教学形式的开放性是指课堂教学不拘泥于传统单一的教学模式，而是开展多种多样别开生面的课堂教学活动。以往的音乐学习更多的是教师教、学生学，是一种古老的师徒传承制。新课程音乐教学应该以学生为本，以学生发展为本，倡导音乐教学领域的不同，创生不同的教学方式，如演唱课可以选择听音乐跟唱的教学形式；演奏课可以选择先个体单独练，后集体合奏的教学形式；欣赏教学可以采用体验与讨论相结合的教学形式等，使学生在灵活多样的教学形式和轻松愉快的教学氛围中达到音乐教学的目标。音乐教学形式的开放性有利于学生主体意识和参与意识的形成，减少学生对灌输式教学的抵触心理和反感情绪，促使他们在快乐教学中体会知识的魅力，变“要我学”为“我要学”，使音乐课堂成为学生自主学习的主阵地，学生真正成为学习的主人。

音乐教学时空的开放性是指教学由课内、校内延展到课外、校外。良好的教育一定是学校、家庭、社会形成合力的教育，新课程提倡教学空间的开放性，音乐学习同样不能局限在教室中，而应该拓展到音乐厅、艺术馆、体育艺术活动中心以及社区等生活与社会的各个领域。让学生到大自然中去学习，到社会实践中去学习。让学生通过这部宏大、深邃的“无字书”，体验音乐艺术的博大精深，体会音乐来自生活，体会艺术实践是音乐学习的重要载体，艺术只有走进生活才更具魅力，更有价值，也才能提高社会群体的整体素质。

二、开放性教学的实施策略

（一）创设开放性的教学环境

传统教学模式中，老师作为教学活动的主要人物，学生的学习过程是被动接受式的，大部分的老师仅仅依靠播放音乐、自我演唱的形式来完成教学。这种方式会直接造成音乐学习的困难，导致学生对音乐失去热情与兴趣。如果要转变教学模式，就首先需要一个良好的学习条件，使学生能够很快投入进音乐课堂当中，提升学习的热情。相关音乐剧的组织编排有助于他们更好地理解音乐，进而在过程中提升音乐素养以及音乐鉴赏水平。

（二）利用背景音乐营造课堂气氛

运用背景音乐营造课堂气氛是激发学生学习兴趣的良好方法，传统教学更加趋向于闭环式的教学，只教授给学生固定的书本知识，将课堂变得枯燥乏味，学生对于知识的接受味同嚼蜡，渐渐失去对音乐的兴趣，音乐教学效果不尽如人意。长期以来，大部分的学生都认为音乐课堂是了无生趣的，因此，在音乐教学中进行情境创设是十分必要的。在音乐课堂上，教师播放背景音乐的同时为学生讲解歌曲的相关信息与知识，引导学生对音乐进行欣赏，以此加深学生对音乐内涵的理解，构建丰富的情感世界。

（三）积极鼓励学生进行小组合作

教师要鼓励学生利用小组合作的学习形式来进行探讨与学习，有助于学生之间根据主题而展开交流与沟通，并通过彼此的交流最终得出统一的讨论结果。例如，在音乐课堂中，教师播放主题歌曲《让世界充满爱》时，可将学生划分为若干个小组，学生们以小组为单位共同将主题歌曲进行艺术形式上的二次创作。这种教学形式的采用使得学生能够利用小组合作的方式来进行对歌曲情感内涵的深入探讨与分析，不仅提升了他们的自主研究水平，还有利于音乐表现力与创新水平的培养。

（四）建立开放性的教学评价机制

传统评价机制中，教师对学生的评价具有一定的主观性，因此也导致了传统评价机制的不客观与不透明，这是传统评价机制中一个最大的弊端。评价过程通常是由学生演唱书本上的歌曲，据其完成程度来进行评分，有些教师则凭自己对于学生的主观印象来进行打分，评价结果存在一定的偏差，对于学生来说，这是不公平的。致使一些学生认为音乐就只是单纯地唱歌，不用学习其他理论知识，于是也就逐渐丧失对音乐的兴趣，教师得不到有效的教学反馈，从而无法提高教学质量。

三、开放性教学实施过程中需注意的问题

音乐教学中实施开放性教学策略能够充分结合学生的实际生活，有利于学生的长远发展，但是在具体的实施过程中需要注意以下几个方面：

第一，强调教学过程的开放性，以学生为主体、以实践活动为主线、以主题单元为载体、以开放性学习为主导的学习方式，是基于学生的直接经验，密切联系学生自身生活与社会生活，体验对知识的综合运用，强调学科知识、社会生活及学生经验整合，从而充分调动学生学习音乐的主观能动性，开发学生的音乐学习潜能。

第二，加强初中音乐教学内容的趣味性，促使学生能够主动参与进音乐教学活动中，更好地进行音乐学习。明确教师在学习单元中的作用，做好组织者、协调者和参与者，要引导与辅助并存。

第三，音乐开放性教学的实施，应是理论与实践的有机结合。传统音乐教学过程中，教师只注重对学生理论知识的传授，忽略了学生综合素质与实践能力的培养，不利于学生的正常发展。因此，在音乐开放性教学中不仅要强调理论知识的学习，还要对学生的音乐欣赏能力与探究能力进行培养与提升。

第四，在开放性音乐教学活动中，教师应加强学生创新意识的培养，有利于推动其他学科的学习，并能够提高学生的创新能力。

第四节　互动性教学策略

一、音乐游戏教学法概述

（一）音乐游戏

1. 音乐与游戏的本质关联

（1）音乐与游戏具有相通性

艺术和游戏是相通的。英国教育家斯宾塞在研究“美感”问题时发现，从生命活动的性质上看，艺术和游戏是极为相似的。此外，我国美学家和教育家朱光潜在《诗论》中也有艺术和游戏同源的观点。这些无不说明艺术和游戏具有极大的亲和性。

那么艺术和游戏有何区别呢？席勒在研究审美和创造的起源时提到，人天生有感性的、理性的和游戏的冲动。艺术活动应是涵盖了这三种冲动的，无理性不成筋骨，无感性不成血肉，而无游戏不得神韵。按席勒的说法，如果说艺术是有意识地去创造，那么游戏是无意识地去创造。

游戏是多元审美的结合体。它是音、形、动等元素有机交织在一起的活动。崔学荣《主体间性视野中的中国传统音乐文化教育》一书中就提到，游戏令多元审美主体抵达至美的审美境界，即审美主体在多维感官的调动下获得了直观、立体、丰富而真切的体验。

音乐和游戏的共同基础是自由。自由不仅指在有限的规则下自由发挥，还有超越了物质层面约束的精神释放。而同绘画、雕塑等形象艺术相比，音乐又是抽象程度最高的，因此其诠释和理解也是自由程度最高的。然而，音乐与游戏相结合，能够起到以游戏形象去补充音乐之抽象的作用。

明白了音乐与游戏的关联，就可以在音乐教育中加入游戏的元素来提升教育质量。为了加强学生对抽象音乐的理解和记忆，通常除了听觉之外，还会调动他们的视觉、触觉、动觉等。比如通过游戏来加强学生与老师的互动和与音乐的共鸣。将游戏与音乐融会贯通，不仅增强了音乐课堂的趣味性，还激发了学生们的学习动机和兴趣。

（2）音乐与游戏都以人为核心

音乐和游戏活动的主体是人，旨在人的发展。席勒认为，审美教育的目的是培养完整、自由、和谐的人性，实现古希腊精神与现代精神的统一。其中，音乐是培养高雅的趣味，提高人的素质，减少作恶的心态；游戏则鼓励人发挥想象力，不惮于试错，在有限的规则下发挥自身的潜力。两者都致力于健全主体的人格，维持精神状态的生命力。

罗尔·布约克沃尔德在著作《本能的缪斯——激活潜在的艺术灵性》中提出，人是“本能的缪斯”，即人生来就具有创造力，能够对自身和自然的生命脉动有一定的感应和表达。可以说，音乐和游戏都潜藏在人的本能中。而这种创造力是人这种生物所独有的。金亚文在《小学音乐新课程教学法》中强调，音乐教育的价值在于开发人的潜能。匈牙利民族音乐家柯达伊提出，“音乐属于每一个人”，也是本着以人为本、人人平等的教育观。显然这是当前国际音乐教育改革与发展的总趋势。

音乐教育的审美体验必须由人亲身参与来获得，游戏形式则是加强了这种参与度。按照奥尔夫音乐教育的“原本性”原则，学生不应作为纯粹的听众，而要作为演绎者参与进去，如此方能获得沉浸式的体验和最深刻的印象。

（3）音乐与游戏结合是理论符号与行为表现的相互转化

音乐最初不是单一的艺术，而是糅合了语言、舞蹈等多种元素。如今对音乐的理解不能局限于音乐观念或形式，而应当结合具体形象的表现，尤其是在儿童的启蒙教育当中。放到实践中，就是在教学中采用音乐游戏的形式。

以游戏行为来模拟音乐元素，实现理论符号转化为行为表现；而行为表现转化为理论符号有两方面的含义。其一是孩子学习音乐之初，尚未对音乐元素有概念时，对音乐有着自己的想象和联想，老师通过体态动作等游戏形式来为他们建立一个模糊的概念，之后通过对符号的反复记忆才将该概念和符号联系起来；另一层含义是当学生即兴表演出自己对音乐的理解时，如一段节奏，老师可以用理论符号的形式记录下来，或者鼓励（高年级）学生自己记录，由此加深对音乐形式和音乐行为的关系的理解，即二者不是一对一的简单等价关系，而是一对多的发挥关系。总而言之，音乐与游戏结合通过全身心的调动来让音乐观念根植在学生心中，也在趣味动作的基础上加强学生对音乐知识的理解和记忆，是一种知识性和娱乐性兼备的先进的教学方法。

2. 音乐游戏在教学中的分类

音乐游戏是以音乐为主体的游戏，和其他游戏活动的最大区别在于以音乐要素为核心和方向。音乐游戏从不同的角度能分成多类，其中每一类都属于一种元素，而同一个音乐游戏可能含有多种元素。例如，双圆圈游戏中含有双人搭档游戏元素、声势游戏元素，甚至能加入歌唱游戏元素。具体采用哪些元素作为课堂教学的手段，需要根据儿童的认知水平、学习内容的需要和课时的安排来定，确保其达到教学目标的同时，又是符合孩子身心发展规律的。

（1）根据课程内容分类

①歌唱游戏：带有歌唱形式的游戏。

②欣赏体验游戏：聆听歌曲时以动作形式来感知音乐。

③综合表演游戏：集合了声乐、舞蹈和话剧等形式的综合性表演。

④创意表演游戏：发挥自主想象力，不拘形式即兴演绎音乐的游戏。

（2）根据教学法分类

①声势游戏：运用简单肢体动作的游戏，如拍手、跺脚、摇摆。

②律动游戏：较为复杂的体态游戏，按照一定规则有节奏地律动某个部位的肢体或肌肉，甚至多个部位同时律动。

③情境游戏：根据音乐创设一种情境，以情境氛围来感受和理解音乐。

（3）根据音乐元素分类

①节奏游戏：通过挥手、敲打等动作方式来表现节奏。

②和声音色游戏：听辨不同乐器和音型的和声所表达的不同情绪。

③旋律游戏：听辨旋律异同，或以不同声部演唱同一旋律。

（4）根据感官体验分类

①听力游戏：通过聆听辨别相同与不同节奏、乐句或感情色彩，训练学生的耳朵和乐感。

②语言游戏：以不同方式唱同一乐句，或多声部歌谣的游戏。

③图画游戏：包含图画形式的游戏，如以变化的音符或线条来展现音乐，或者将乐段和图画互相匹配等。

（5）根据空间形式分类

①直线游戏：让参与者排成一排进行的游戏。

②圆圈游戏：让参与者围成圈进行的游戏，如传递节拍、大风吹游戏等。

③双圆圈游戏：让参与者围成内外两个圈进行的游戏，同一圆圈之内和两个圆圈之间分别有互动。

（6）根据人数分类

①单人游戏：由单人完成的游戏，如拍手、跺脚等简单的打拍子。

②双人游戏：由两人搭档完成的游戏，如两人按照一定规则，跟随节奏拍手互动。

③多人游戏：由多人共同参与的游戏，如丢手绢等。

3. 音乐游戏的精神内涵

艺术理论史上对于游戏精神，关于它对艺术发展的启示和影响等已有过颇多研究。总的来说，游戏精神包含了主动参与精神、积极表现精神、平等精神、竞争或合作精神、创新精神、自由精神、超功利的精神和追求快乐的精神。音乐游戏教学法的设计和实施自然也符合这些理念，这里重点解释一下创新精神、团队合作精神和愉悦精神这三种。

（1）创新精神

创新精神包含两个层面，一是教师设计游戏的创新性，二是学生表现的创新性。在教师方面，需要在有限的时间、空间和条件下设计出符合教学要求的音乐游戏，或者在旧有游戏的基础上进行改造。这对教师来说是一个很大的挑战，需要音乐教师们观摩、学习和探讨。例如，为了让学生们有更丰富的节奏体验，不该只限于拍手、跺脚，可以借用不同的情境来说明哪种节奏对应哪种氛围，可以让学生针对同种节奏用不同部位的肌肉律动，还可以借助不同音色的打击乐器，以此来多角度地展现节奏。在学生方面，音乐游戏有着开发学生即兴表现能力的作用。需要引导和鼓励学生跟随音乐做出动作或扮演角色，它未必是要人人一致的，但一定和节奏或音乐情绪有一定的吻合性，以此来展现学生对音乐个性化的理解。

（2）团队合作精神

张馨芳老师在“国际三大音乐教学法在中国小学音乐课堂教学中的应用——教法融合全体系培训”中，就谈到音乐教学需要多多采用分组活动，培养学生协调合作的意识，如节奏传递游戏中，将球传给同伴就暗含了给予和接受的联合意识。音乐的本质是音符的协调合作，越是复杂的音乐形式对协调合作的要求越高，包含不同音乐元素、不同器乐、不同演奏者等各个层次的协调合作。赵岩在《音乐教育与音乐教学论》中指出，音乐教学中的游戏活动有利于学生发展健康、积极的个性，从而在学习中最大化地发挥主观能动性。师生之间、学生之间的互动式课堂教学对于提高授课效率和学生的社交素质都有十分重要的意义。

（3）愉悦精神

音乐游戏中的愉悦精神不同于一般意义上的娱乐精神——后者是无目的性的发散，前者是有目的性的流动。意大利儿童教育家蒙台梭利有言：“你听过你忘记——你看过你记住——你做过你理解。”意在说明通过亲身行动来体验，对知识才有更透彻的理解，但同时这种理解也是含有一种成就感，是精神上的满足。音乐游戏的宗旨是让孩子快乐学习、学得更好，这就需要组织趣味性的教课材料，创造生动、亲切友好、富于鼓励性的课堂环境。为保证学生在音乐游戏中的愉悦体验，需要教师合理把握游戏的难度和学生的接受能力，若超出学生的理解能力和表达能力，则会使之无所适从，自然也就无愉悦感可言。

（二）音乐游戏教学法

1. 音乐游戏教学法的概念

音乐游戏教学法是在课堂中以游戏为辅助手段的音乐教学方法。它渗透在常规的音乐教学中，符合一般的音乐教学规律，是传统授课法的一种补充和创新。其中要注意游戏在该教学法中的功能和比重，游戏应为音乐服务，切不可本末倒置。

2. 音乐游戏教学法的目标

（1）学科目标

音乐游戏教学法的基础目标是音乐教育。其主要任务仍是获得音乐知识，培养音乐素养，体会音乐情感，获得审美熏陶。学科目标是其他目标的基石。

（2）人格目标

音乐游戏教学法的深层目标是培养品德高尚、全面发展的人。这也是一般音乐教育，乃至所有审美教育的根本目标。而本教学法中游戏的加入在理性思维和体能运动上也有一定的延伸，因此有利于健全人格的培养。人格目标是其他目标的导向。

（3）社会目标

音乐游戏教学法的社会目标在于培养学生的主动参与意识，人际交往能力和热爱生活的信念。音乐游戏通过创造人人参与、人人贡献的环境，提高了学生的自我尊重和尊重他人的意识；通过各种角色的互换，如主角与配角、引领与跟随、指挥与被指挥，培养了与他人合作、成就集体事业的精神；又通过乐趣的感召，在热爱音乐与热爱生活之间架起桥梁。社会目标是其他目标的延伸。

3. 音乐游戏教学法的特征

（1）听觉与动觉体验相互结合

音乐首先是听觉的艺术，通过变化的音色、疏密的节奏、起伏的旋律展现出形态。动作游戏的加入则从动觉上模拟这些形态，将音乐从被动体验转化为主动表达。音乐游戏教学法在培养听觉的感知力和理解力的同时，也强化了全身运动机能的感知力和表达力。例如，在音乐教学中，对节奏的声势训练不仅限于拍手、跺脚，而是拓展到运用全身的各个器官和大小肌肉，来随着音乐展现不同的律动。用音乐史学家沃尔特·瑞思勒的话说，是让感受者的主观意识沿着音乐“膨胀为更细腻的情绪和精神”，使主观动作“上升为更高阶的与音乐本体元素相匹配的律动组合”。从而获得对节奏更生动、更真切的体验。

通过听觉与动觉的联合运用，不仅使二者相互补充，丰富了音乐的感受；还加深了二者的贯通，培养了联觉这一更高层次的能力，而这也是将艺术各门类融会贯通、形象思维与抽象思维相互转化的高级能力。

（2）理论符号与行为相互转化

音乐是表演的艺术，它不能脱离演绎，停留在谱面上的符号层面。人类学家梅里亚姆（A. Merriam）将音乐的动态架构概括为“音乐观念—音乐行为—音乐形式”。杨晓在《音乐现实与理论符号的差异——谈基本乐理与音响表达的关系》一文中指出，“音乐行为”是理解音乐观念和音乐形式的出发点。而音乐游戏正是音乐行为的一种。

同其他标准化的演奏相比，游戏作为音乐行为，自娱性超过了他娱性。这一点对于艺术精神的培养是相当重要的，因为追根到底，音乐应当是无需迎合观众趣味，无论有没有观众都要独立绽放的一门艺术。音乐游戏的教与学是将音乐符号转化为行为动作，如将3/4拍转化成重、轻、轻、稍重、轻、轻形式的自拍手，或互拍手；而其设计是将音乐动作转化为音符或其他理论符号，如将学生自由拍出的一段节奏用实心圆（强）、空心圆（弱）记录下来，令其以槌鼓、唱“啊”或其他形式再次演绎。记谱是将流动的音乐凝固下来的一种方式，加强学生音乐符号与音乐行为的互动，还能培养其识谱记谱的能力，甚至是初始的编曲意识。

（3）课堂趣味性与有效性同步

音乐游戏教学法在使音乐课堂变得生动有趣的同时，还能提高学生对音乐知识的学习效率。陈蓉在《从听觉到视觉、运动觉——达尔克罗兹教学体系的内涵与意义》一文中，就解释了当音乐游戏从多方位对孩子感官造成刺激，用视觉听觉接收音乐信息，通过思维的调配外化为动作，而动作“进一步通过反射印象来支配集中精神、分析音乐信息并产生音乐构想”，此时的构想是在初步理解的基础上的延伸，是想象力的自主性创造。这样通过“感知—理解—动作表达—再理解—再表达”就形成了一种良性循环、螺旋上升的学习模式，能让学生对音乐掌握得更牢固。

另一方面，音乐游戏的趣味有两个层面的含义：游戏客体的趣味性和游戏主体的愉悦体验。前者是固定的、短暂的；而后者因人而异，可能在游戏过后的好长一段时间还令孩子们回味。回忆时先想起游戏，再连带想起相关的音乐内容；哪怕具体的音乐知识想不起了，当时的愉悦心境的积极效应是持久的，有助于培养他们终生对音乐或艺术的兴趣。但是需要注意，愉悦体验与教师设定的音乐游戏的难易程度，以及主体自身的能力水平相关。若游戏超出了学生的能力范围，反而会令他们丧失兴趣和学习的动力。

4. 音乐游戏教学法的教学原则

（1）音乐本体性原则

音乐游戏教学法以音乐为本体，所有内容围绕音乐展开。音乐是它的动因和结果，是出发点也是落脚点。游戏是对音乐元素和音乐作品的解读，是一种推动性的工具。音乐是老师教学、研究，学生学习、感悟的直接目标；而游戏仅仅是一种辅助和激励手段，切不可喧宾夺主、主次不分，抛却具体的音乐目标，成为漫无目的的玩乐。

（2）直观性原则

音乐游戏教学区别于讲授法等机械式的经验传授法的一点，就在于它的直观性。它要求对音乐的感知和体验是感性而直观地获得，尽可能用直观的图像、动作和语言等来展现和理解音乐，起到化抽象为形象、化笼统为具体、化听觉为联觉的作用。

（3）全员参与原则

音乐游戏教学法要求所有学生都参加，不孤立或忽视任何一个。就像张馨芳老师在“三大音乐教学法融合培训”时所说的，“不能让任何一个学生落单”。无论是集体游戏还是分组游戏，都要确保每个孩子有主动角色可担任，而不只是当观众。不仅如此，教师还要尽量使每个学生都有担任游戏的示范者或领头者的机会，这对于先进生能拓展看人的视角，对于后进生则是莫大的鼓励。这样有利于他们对不同角色的体谅和对彼此的体谅。全员参与原则有利于培养学生的集体意识，令整个班集体携手共进。

（4）人人平等原则

平等原则中的“平等”有三个层面的意义：其一，由于游戏中的所有角色都是能让孩子们互换担当的，不同声部如旋律声部和伴奏声部、领唱和和唱也都是可以互换体验的，所以，他们处在一种平等的地位上。其二，平等还在于让孩子们意识到自己对音乐活动（如角色扮演游戏）、对合作完成的音乐作品（如多声部轮唱或合唱）的贡献虽不尽相同，但都是不可或缺的。其三，音乐本身是属于全人类的艺术，是一种精神上的传递和审美上的享受，因此在音乐面前人人平等。人人平等原则和上面的全员参与原则一起，体现出音乐游戏教学法高度的人文关怀。

(5) 快乐体验原则

相较于传统的直授式教学法，音乐游戏教学法更加灵活，更加注重从孩子的天性出发，是一种将孩子的天性合理引导、而非一味压制的科学方法。快乐体验包括游戏本身的快乐、学到知识的快乐和人际交往的快乐，这就需要老师设计出符合孩子身心发展规律的游戏，目标明确而难度适中。与此同时，快乐体验是相互的，授课能获得学生的积极参与和响应，于老师也是一种鼓励和宽慰。因此，从师生双方来说，快乐体验将成为音乐教学最大的动力。

二、音乐游戏教学法的实施

音乐游戏教学法通过多年的研究与实践，教学策略不断调整、优化和细化，以期对学生形成最有益的引导和最有效的学习。无论形式内容如何，总体来说这种教学法分为三大阶段。

(一) 感知阶段

音乐游戏教学法的第一阶段是培养学生对音乐的感知能力。这种感知包括对节拍、节奏、旋律、和声等音乐要素，以及完整的音乐作品的体会。而感知方式是视觉、听觉、动觉，乃至机体平衡觉的联合运用。音乐欣赏并非简单的聆听：整体聆听是来把握总的感情基调，有选择地部分聆听是辨别细节的独特美感，分辨部分与整体是对应还是冲突反衬的关系；聆听的同时可以启发学生的想象力，让他们尝试用肢体跟随音乐律动，用语言或线条、图画等来描绘音乐中的人物形象或故事等，并和其他同学合作或对比。

在这一阶段，由于孩子尚未对音乐形成具体的概念，所以特别要依靠游戏性的互动来从某种程度上将音乐的抽象空间投射到现实空间。此外，游戏的放松性和趣味性也是引导孩子对音乐养成放松式、愉悦式的审美态度。

感知阶段是其他阶段的基础，旨在让孩子们从“空泛”的音乐艺术中领悟到充实的内涵。感知阶段中培养出的兴趣也将成为进阶的动力。

（二）结合阶段

第一阶段由于是启蒙阶段，存在着一定的不足，如游戏的方向可能和音乐教育的目标不能紧密贴合，游戏时间若再控制不当会给学生只留下游戏的印象，而没有学音乐的印象。游戏作为一种泛娱性活动，可能会削弱学生对音乐严肃的专业性一面的认识，将艺术和娱乐等同起来。因此，第二阶段的教学就要明确体现声音与符号相结合，让学生从感知音乐上升到认识和记忆音乐。这一阶段要突出展现节奏、音名、音符等符号形象，以朗诵、吟唱、体态动作等为解释手段，帮助学生建立起基本的音高感、节奏感和识谱意识，为其之后进一步学习乐理打下基础。

结合阶段是整个教育体系的关键。认识音乐是将对音乐主观理解的心理语言（如绘画或肢体的表达）转化为客观能识别和交流的音乐语言。当然这种转化是不完美的，主观解读和客观标识并不完全等同，但让孩子们掌握音乐语汇的目的不是限制对艺术的解读，而是增加一条解读的途径。

（三）创造阶段

在经过前两个阶段的“聆听—想象—跟随—结合—内化”，学生已能初步将想象出的音乐形象与具体的音乐符号结合对照起来，在反复记忆中逐步内化为自己的知识。这样其实已经完成了一个基本的学习结构，但音乐游戏教学法特别重视学生的主动创造力，因此在前面的基础上增加了一个升华阶段。

在这个创造阶段中，教师把主动权还给学生，要求他们将学过的音乐知识和游戏形式加以综合，同时与建立起信任友好关系的伙伴一同发挥想象力和创造力，创造出自己的音乐响应模式。这即是说，在碰到新乐曲或新音色时，能够不拘于用语言、肢体律动或画笔加以描绘和表达，同时能用学到的音乐符号加以对应。这便是化前两个阶段的被动学习为主动学习。主动学习，即自学能力，这将是孩子受益一生的精神财富。

需要注意的是，创造阶段和前两个阶段不是固定的阶梯式关系，而可以是穿插关系。学生在感知阶段、结合阶段都可能表现出一定的创造性，而创造力的开发应该是贯穿整个审美教育的。

三、音乐游戏教学法实施的意义

（一）学生在音乐游戏中逐渐成长

在学科知识方面，学生通过三个阶段的学习，逐渐建立起音高感、节奏感、节拍感和乐句感，将音乐内化为心理语言，又外化为动觉型和符号型的表达。

在智力发展方面，音乐游戏的运用提高了孩子的注意力，音乐情境的创设丰富了他们的想象力，自主参与和即兴发挥培养了他们的创造力，不知不觉地背唱歌曲增强了他们的记忆力，而声音与符号的结合锻炼了他们的思维力。

在人际交往方面，学生在音乐游戏中养成了互相尊重、互相体谅的习惯，自然而然形成了亲密和谐的伙伴关系，在交流与合作中共同进步。从班集体的角度，这类团队活动有利于促进机体的凝聚力和协调力，有利于团结互助、共同繁荣。

由此可见，音乐游戏教学法给学生带来的不是单一性的成长，而是综合性的，真正对应了我国青少年教育中全面发展的要求。

（二）教师在音乐游戏中的角色不断变化

在第一阶段中，教师是课堂的主导者。由于学生对音乐学科的陌生，且师生之间尚未建立起熟识而信任的关系，需要由老师来制定规则、引导实施，并以亲切的态度引起学生主动探索音乐的兴趣和享受音乐的心理基础。教师对音乐游戏的效力起着决定作用。

在第二阶段中，教师是课堂的引导者。相对于第一阶段，师生关系更加亲近，学生也拥有了一定的主动性，可以按老师预设的方向走。对于老师用声势动作来解释符号或其他知识时，也学会跟随着、模仿着表现。与此同时，在与老师或同伴动作的相互对照中不时地会有创新之举，初步开始发挥创造力。感受与理论相结合是学生需要从自我思维上主动突破的，这一阶段的学习效力由师生共同决定。

在第三阶段中，老师把主动权交给学生，自己退回到参与者的位置。

此时师生已经拥有了默契和信任，同学之间建立了亲密的伙伴关系，学生也通过前面的游戏和学习对音乐产生了浓厚的兴趣。在此基础上，学生有能力去独立主导、甚至创编音乐游戏，老师仅需要监督和适时的引导，在获得愉快体验的同时，也从学生身上体会到了巨大的成就感。创造阶段的学习效力主要由学生决定。

（三）音乐游戏不断促进师生共同发展

常言道，兴趣是最好的老师。其实，音乐游戏在激发学生学习音乐的兴趣的同时，也是促进老师教学的一大动力。无论是教学实践，还是教学研究，游戏极大地调动了老师的积极性和对音乐事业的整体兴趣。可以说，兴趣是师生共同活动的助推剂，也是他们各自发展的独立动机。关于音乐游戏的实践研究发现，学生的潜力常常超乎想象，有时甚至能给老师以启发。老师有时受到音乐节奏、和声等形式的局限，会形成定式思维，所以当学生打出很有新意的节奏型，或者为歌谣加上自创的自由前奏或结尾时，都会令老师耳目一新。换句话说，学生对音乐的感受和理解有时也能为老师提供新的角度和思路，从这个意义上来说，师生是互帮互助、共同进步的。

四、游戏在音乐教学中的应用

（一）柯达伊教学法中的应用

柯达伊教学法以重视歌唱为主。该法认为人声是最好的乐器，也是最好的教学工具。声乐游戏是在视唱练耳练习的同时加入“玩”的元素。对于单句练习，老师可以把同样一句话分三种不同的旋律和节奏唱出，然后鼓励孩子们挑选自己喜欢的一种来唱，甚至变换成其他歌词。此外，一些简单的音乐常识和乐理知识也可以用唱的方式教授，学生也以唱的方式还课，这样增加了枯燥知识的趣味性，让孩子记得更牢固。对于多声部练习，则是将学生分组后对应不同的声部，之后对换声部，甚至让有意愿的孩子都有担当领唱的机会。这样所有学生都能亲身体会到不同声部的区别和作用，感受到个体对织就色彩丰富的歌曲的贡献，以及协调合作对成就交响乐的重要意义。

《当今的柯达伊》一书，在提出一套包含发声练习、复习旧曲、学习新曲的歌唱教学流程的同时，也增加了多种游戏形式来让学生感受歌声的传递和对不同乐声的响应，如直线游戏、圆圈游戏、大风吹游戏等。

（二）达尔克罗兹教学法中的应用

达尔克罗兹教学法以体态律动为特色。体态律动即以身体各部位为乐器，把音乐再现出来。它是孩子多方位体验音乐、唤起对音乐想象力的有效方法。“跟着音乐走”成为实操性的指南，即让学生跟着音乐走路（或摇摆）：可以变换速度，加入悲喜等不同感情，改变方向，以及拓展不同的走路方式，如蹦、跳、爬、滑等，想象是在水中游动或在泥沙中滑动。整个过程中探索紧张感与放松感，感受局部肌肉的多变性，和与整体动作的协调性。杨立梅《达尔克罗兹音乐教育理论与实践》一书就细致地介绍了如何把律动游戏具体应用到各个音乐要素的教学中，包括较为复杂的节奏型和曲式。

这种舞蹈化的游戏教学不仅能强化学生的空间意识，感知重心的转移和浮动，稳定的律动感，将音乐融入血肉之中；还鼓励他们探索与周遭的关系，如何调配与他人共享的空间，与他人的律动形成呼应和补充等。

（三）奥尔夫教学法中的应用

相比前面两种，奥尔夫的音乐教学法的综合性更强。它将语言、舞蹈、表演、游戏与音乐融合在一起，不拘以乐器来描绘自然景色（如，用腕铃来描绘雨声）或以肢体拍打来模拟节奏，保持学生兴致高昂的同时，综合提升其乐感、语言能力、理解力和表达力。另外，它特别鼓励孩子即兴创作，如即兴地跟着音乐做声势动作（捻指、拍手、拍腿、跺脚等），使音乐成为真诚的、本能性的活动。潘朝阳的博士论文《我只是想让孩子喜欢音乐——多审美通道的音乐教学研究》就指出，这种教学不以让孩子快速学会歌唱或器乐演奏为第一目的，而是让他们“根据节奏创造属于自己的快乐”，从创造中收获独特的成就感。

奥尔夫的教学法以“原本性”为宗旨，关注孩子内心世界的开发，拒绝让学音乐功利化，成为负担。这一点和游戏的宗旨一样，都是全情投入、自由演绎，以个性化的方式抒发内心世界。

奥尔夫教学法给我们的启示是，有效的教学未必要是刻意的训练，有时采用游戏的形式无形中能播下更深的种子。《奥尔夫音乐教育思想与实践》中就有很多通过游戏来体验音乐的课例，如“木偶游戏”“豆蔓游戏”“报纸的游戏”等，用动作去寻找感觉，通过多感官、多思维模式的调动来获得对音乐更深刻的印象、更丰富的体验和更浓厚的亲和感。

第五章　基于创新生成理念的中小学生音乐核心素养评价研究

本章将对评价的原则与方法、评价的内容与形式、评价体系的创新与发展、评价者心理构建及符合学生心理特点的评价机制构建、基于学科核心素养的音乐教学评价策略这五个方面进行展开论述。

第一节　评价的原则与方法

一、中小学音乐教学评价的基本原则

（一）理论环节评价的基本原则

因材施教、趣味性、情感体验等在新课标的指导下又被提起，新课标与旧课标相比更加注重学生的性格发展，注重培养学生在学习中的兴趣，加强日常学习课程与实践。

其一，因材施教原则。在新课标的指引下，因材施教需要做到照顾到全部学生，不仅要重视学生自然发展的特点，也要承认学生本身所存在的差异，针对不同问题采用较针对性的方法进行教学，从而注重每一个学生的生长发展。例如有的学生沉默寡言，课堂表现内向，虽然学习十分用功，但是成绩一直处于中等，这些学生通过努力将音乐相关的理论知识掌握到他们能力范围内最好的程度。有一类学生每次考试成绩名列前茅，但是除去理论知识课之外，他们对实践活动不感兴趣。对于这种学生，教师应该做出有利学生特长发展的评价。同时要全面考虑到学生的学习能力、

兴趣爱好、性格的差异，让每一个学生都能在学习过程中得到蓬勃的发展，这才是因材施教的根本所在。

其二，趣味性原则。通过培养学生对音乐的兴趣和爱好，来减少由于音乐理论知识的枯燥、乏味所带来的负面教学效果。中小学生由于年龄问题通常都是比较好动、爱玩，教师们可以增加教学的趣味性，调整教学方法，同时调动学生对于学习音乐的积极性，切勿采用死记硬背式的方法进行教学，这样不利于激发学生学习音乐的主动性。

其三，情感体验原则。教师们在传授音乐知识的同时，应当充分让学生在情感世界中得到升华，同时，教师也要在其中融入丰富的情感。而对于音乐理论中一些比较古板和空洞的无法直接通过感官去了解的知识，教师需要控制好情感体验原则，运用生动的对比法才能使教学更加具象化。同时，还可以在讲解时调整语速的快慢，结合音乐节拍做出相应动作，让学生可以随着音乐节奏和速度的变化，感受情绪的变化，也可以在实践中通过乐曲速度的变化让学生达到情感上的共识，加深对歌曲本身的理解。

其四，主体性原则。通过调动学生的积极性、自主性和创造性，来增加学生自我学习音乐知识的能力。教师应该加强对学生自主性的教育以及给学生足够的独立思考空间，不应该只寻求采用旧式教学方式让学生死记硬背理论知识。要通过发掘理念和创新思维来评价每一位学生，不可仅凭试卷和考试分数来断定学生学习成绩的好坏。

（二）实践环节评价的基本原则

音乐课内的实践可以是演唱或者演奏的表演形式，而音乐课外的实践则是以活动参与为主。课内音乐和课外音乐组成了中小学音乐实践中不可缺少的部分。

1. 演唱（奏）评价的基本原则

演唱或演奏可以当作实践行为，主要可以从三个方面进行评价和考虑：

其一，创造发展性原则。音乐创作和艺术创造都是由充满活力的个性创作而成。在声乐课堂上，教师要给学生充分展示才能的舞台，同时在评价学生的唱功和演奏时，需要用创造性的评价形式去评价学生的演出，不能仅对学生的唱功、演奏形式进行评价，还可以用班级音乐会的形式、分组合作让学生们进入特定的情景即兴演出，然后再去评价学生们的演出。

其二，审美性原则。审美性原则对培养学生情操和人格有着不可或缺的作用。这种审美性原则要一直贯穿整个音乐教学的过程。对学生的评价不能仅仅是节奏方面的评价，速度、强弱、情感等艺术方面的评价应占据更重要的地位。

其三，全面性原则。新课标音乐课是让每一个学生的音乐能力都得到最佳的发展，在这个思想的倡导下，教师们要对每一个学生负责。每一个班级中都会有唱歌和演奏方面能力不强的学生，在实际教学的过程中，教师们对他们的评价非常重要，不能按照大众的标准去要求他们，更不能用歧视的眼光进行批评，教师们应该给予他们最大的关心和指导，在教学中多鼓励他们。教师应该照顾到不同层次的学生，使评价更加全面。

2. 课外音乐活动评价的基本原则

课外实践活动是课堂教学的重要事件和延伸环节，其评价原则可以遵照以下几点：

其一，教育性原则。课外音乐活动的大方向一定是积极的、有教育意义的。要培养学生们的社会主义精神、爱国主义精神、集体主义精神，同时也要培养学生良好的思想道德品质。要在陶冶情操、寓教于乐、启迪智慧的同时，把握好教育性原则，为学生以后能更好地回馈社会打下基础。

其二，广泛性原则。课外音乐活动要以学生实际水平以及现有的条件和资源为基础，同时对课外活动评价的内容也要尽可能丰富，开拓性要强。课外音乐活动可以包括介绍近现代、古代等不同音乐历史知识，开展演奏或者表演等教学活动，对知名音乐家的作曲风格和特点进行讨论等。

其三，多样性原则。课外音乐活动的评价可采用歌咏比赛、音乐会、合唱团、音乐讲座等多种多样的形式来实践，对每一种形式都要把握评价的重点。

其四，严密性原则。课外音乐活动的选材要根据学生实际的接受能力进行，选材时需要注意作品以及艺术的统一性。可根据学生的实际情况，选择适合年龄层次以及理解范围的作品。

其五，自愿性原则。需要增加学生自愿参加课外音乐活动的主观想法，自愿学习的学生具备更多的积极性和自主性以及主观能动性，教师不应该强迫学生参加活动，但是可以按照学生的基本情况给出合理建议。

其六，主体性原则。课外音乐活动要以发挥学生的主体作用，调动学生的主观能动性。教师必须要注重学生动手、动脑、动口等能力，通过观察最终进行评价。

（三）直接评价的基本原则

直接评价是对课堂效果、教师及学生进行评价，这三者相互联系、相互影响，同时又各自有各自的特点。

1. 课程评价原则

课程评价可从导向性、科学性、整体性、可操作性、系统性等几个方面加以研究。

其一，导向性原则。音乐课程评价首先是要完全开发学生在音乐方面的潜在能力，要最大限度地提高学生对学习音乐知识的积极性和兴趣，只有这样才可以增加学生在音乐方面的发展能力，进一步提高学生在音乐和艺术方面的对美的判断力，所以在课程评价时务必要遵照导向性原则。

其二，科学性原则。音乐课程评价需要参照音乐学科的特殊性，把音乐学科的特点与客观规律结合起来，并且对教学内容进行评价。评价时教师应该本着符合中小学课程性质，同时也要兼顾中小学生身心发展的特点。

其三，整体性原则。教师应该用整体的眼光去评价学生，并且要包含教学中的各个方面。这不仅是对学生学习成绩的评价，更重要的是在把握整体原则的情况下，对比各个阶段学生的努力和进步以及不足，要鼓励学生付出的同时也要指引学生新的奋进方向。

其四，可操作性原则。对学生的评价方法要采用适合学生年龄段的最简单、易于操作的综合方法进行评价，并且需要把评价全面融入教学过程中，最终不管在课内还是课外都可以形成良好的评价氛围。

其五，系统性原则。不管是对课程的评价，还是对教师、学生的评价都不能只考虑某一方面而进行评价，必须是通过综合考察和全面衡量来进行评价。

2. 教师评价原则

方向性和主体性相结合、科学性和可行性相结合、奖惩性和发展性相结合这三个特点是教师评价的主要原则。

其一，方向性与主体性相结合原则。音乐教师的评价要依附于国家的教育方针和政策，对音乐教师评价的目的是要调动教师在工作中的热情和积极性。通过评价的手段进一步加强教师队伍的建设和改善教师队伍管理，同时也可以提高音乐教师的专业素质，最后提高教学质量。以教师为本，突出教师地位，提高音乐教师的主观能动性，让评价对于音乐老师来说不再仅仅是一种必须的行政工作，而是一种提高专业水平的方法。整个过程不仅需要尊重教师的意愿，同时更要得到教师的认可。

其二，科学性与可行性相结合原则。音乐教师评价的可行性要符合音乐教师的工作情况，既简单又要容易实行，要有较高的可操作性。科学性与可操作性需要相互结合。

其三，奖惩性与发展性相结合原则。奖惩性评价可以通过解除劳动关系、降低等级、晋升等级、增加工资等方法对教师工作进行评价。音乐教师评价中，通过奖惩性评价这一手段可以更好地管理教师队伍，并且可以客观地帮助教师更好的进步。发展性评价则是更加注重教师的职业和专业方面的发展，在没有奖惩性评价的条件下，可以用发展性评价让学校与教师共同发展。如果在条件允许的情况下可以将两种评价方法相结合，从而实现让音乐教师和学校共同发展。

3. 学生评价原则

学生评价原则一般包括以下几点：

其一，激励性原则。教师要以鼓励、奖励、爱护学生的信心为根本，只有通过在语言和行为上不断鼓励才能更好地调动学生在学习中的自主性和积极性。这样做可以让教师更好地了解学生在学习中的学习情况以及状态，从而帮助学生提高学习成绩。

其二，多元化原则。对学生的评价内容要多元化，可以对其掌握的知识、智力因素、非智力因素等多方面进行评价，同时也可以采取书面、口头等多样的形式进行评价。

其三，发展性原则。教师对学生的评价要用发展的观点，对学生在学习中取得的进步，教师一定要及时给予表扬和肯定。教师在评价时也需要更加注意学生个体所存在的差异问题，区分成绩好的学生与成绩一般的学生，对不同层次的学生的进步与变化给予不同的鼓励，使得每个学生都能持续发展。

其四，过程和结果统一原则。教师在教授音乐课时一定要注重学习过程，要将形成性评价和中间性评价相结合。对学生进行评价时要更加关注和重视他们的学习方法和学习态度，加强学生在学习中的情感体验，当学生在学习中遇到问题、提出问题和解决问题时，教师需要格外重视学生的思维逻辑。对学生评价同时要有课堂评价、课前评价以及课后评价，同时更要对学生的成绩和综合素质进行评价。

（四）间接评价的基本原则

教师对学校、家庭、社会的评价称为间接评价。间接评价主要是相互联系、相互促进的关系。

1. 学校评价的基本原则

发展性原则、整体性原则和针对性原则是学校进行评价要遵循的三个重要原则。

其一，发展性原则。学校需要结合目前发展和学校未来规划这两点给学校做出评价。激发学校的主动性，让学校拥有个性化的发展空间，是发展性原则的主要目的。

其二，整体性原则。学校是具有自身发展的独立性的一个整体系统，同时音乐教育又是其中复杂的一项。因此，对学校的评价是需要认真考察其和谐性以及整体性的。

其三，针对性原则。由于地区经济差异、自然条件差异、文化差异等问题，学校的评价不可能用统一的标准去衡量。同时，学校也不可能按照统一标准去发展，要针对不同地区、不同文化、不同条件的学校制定相关标准，有针对性地进行评价。

2. 家庭评价的基本原则

目的性和持续性是家庭评价的两个主要原则。

其一，目的性原则。家长需要明确音乐教育的动机是什么，并且要通过音乐教育的立场、看法、教育方式等问题，来明确孩子的教育方向是德育教育还是音乐家，在两者之间做出选择。

其二，持续性原则。家庭教育与学校教育是有所不同的，家庭音乐教育是一个长期性的教育。优良的家庭音乐气氛可以让孩子在成长的道路上受益匪浅。

3. **社会评价的基本原则**

全面性和差异性是社会评价的两个主要原则。

其一，全面性原则。要把经济、文化、政治等因素都考虑全面，从整体上把握社会的各方面因素才能做到全面衡量。

其二，差异性原则。要根据实际情况因地制宜地制订音乐课程的标准，即要根据不同的时期、不同的社会环境、不同的政策、不同的地方，制订出有差异性的标准。

二、中小学生音乐学习评价的方法

音乐教学评价方法需要根据地区和学校的实际情况来进行评价。切不可在教学中单独使用一种评价方法，要因地制宜地综合使用各种评价方法，把这些评价方法贯穿至目前的教学过程中，逐渐形成较好的评价氛围，从而可以更好地为音乐教育所服务。

（一）音乐综合考试评价法

大部分音乐教师一般都会采用音乐考试的形式对一个阶段之后的音乐学习进行评价，但是这种评价体系过于陈旧不够完善。于是在《标准》的指导下，要求教师要结合实践，用科学的音乐考评方式进行尝试。具体方式如下：

表演（演奏、演唱等）占音乐全部成绩的30%，开发音乐思维（音乐创作）占音乐全部成绩的30%。听力与理解（音乐鉴赏）占音乐全部成绩的40%。音乐教育应该将音乐成绩分为这三部分。

1. **表演（演奏、演唱等）**

让学生在每个学期完成一首有一定难度的独奏（或独唱）曲目（占表

演的 30%）；一首和其他同学共同表演的项目（ 占表演的 40% ）；一首自选作品表演（占表演的 30%）。对这三首作品，每一项评价标准都有所不同，比如："可以通过任何乐器的演奏或者对歌曲进行演唱，评价时需要教师更加注重作品完成的质量"，"独奏的 30 分中，准确性占 20 分，表演占 10 分"。最后的演奏考试可以邀请其他任课教师和同学观看，过程需要与正式演出要求一致，并且以班级音乐会的形式呈现给音乐教师和考评小组，严格打分后最终成为本学年表演部分的最后成绩。

2. 开发音乐思维（音乐创作）

音乐创作方案要具有可行性，并以可行性作为评价学生对知识掌握程度的标准，音乐创作的可行性也受到更多的关注。例如，在教授《中国民歌——汉族民歌》一课时，首先让学生了解民歌旋律、理解地域方言，然后从中选取几个小节删除，并让学生进行自我创作，这一做法大大提高了学生的积极性，同时也提高了他们对于创作学习的兴趣。音乐教师可以根据文化背景设计出大量诸如此类易于操作的"音乐创作题目"来培养学生的创造力。

3. 听力与理解（音乐鉴赏）

音乐本身是听觉艺术，音乐的音响是音乐文化的载体，我们要从音乐的基本特征入手。可以通过听完一首曲子之后，用笔答的形式对音色（中西各种乐器的音色及人声的各种音色）、歌曲或乐曲的名称、体裁、演唱演奏形式、音乐结构、时代风格、地域色彩、词曲作者等等，做出简单的评价。考试内容应紧紧围绕音乐本身。例如：学生听到的两段一分多钟的音乐片段分别是《梁山伯与祝英台》的小提琴协奏曲原作（片段 a）和由钢琴主奏、重新配器的改编版本（片段 b）。六道题目由易到难：

（1）写出演奏片段 a 中的独奏乐器。

（2）写出演奏片段 b 中的主奏乐器。

（3）哪段音乐在开始的部分更富有激情，速度更加灵活多变。

（4）哪段音乐的速度相对稳定，总体感觉更快一些。

（5）下列判断是否正确：①a 段独奏音乐的部分有两处停顿。②在 b 段独奏音乐中使用了分解和弦的伴奏方法。

（6）从音域、织体（配器）、节奏和其他你听到的方面比较两段音乐。

评分标准：本题共10分，评分指标体系为：（1）小提琴（1分）；（2）钢琴（1分）；（3）演奏片段a（1分）；（4）演奏片段b（1分）；（5）①错误②正确（共1分）；（6）小提琴有一条独立的旋律线贯穿（1分），钢琴加入了和声伴奏（1分），钢琴左手为右手的主旋律伴奏（1分），钢琴用和弦代替了小提琴的主旋律（1分），小提琴使用了滑音和颤音（1分）。

通过调动学生对音乐学习的积极性，来完善音乐考试的科学评价系统。这样的考核形式不仅易于操作也可以让学生自主地去聆听初中音乐教材所安排的经典、高雅的艺术作品。

（二）音乐课堂学习行为观察评价法

学生的情感态度与价值观的教学评价方法是课堂学习行为观察评价法，通过形成性评价，以自评、互评以及他评相结合的方式在教学过程中体现。教师在教学中可以通过表5-1-1对学生的兴趣、习惯、方法、情感等多个方面进行行为观察评价。教师还要有倾听学生想法的基本技能，让学生获得可以对自己的想法做出解释的机会。当有争议的问题出现时，教师应该采取民主讨论的方法。

表5-1-1　学生课堂学习行为观察评价表

评价内容	评价标准	评价等级		
		A（1）	B（0.7）	C（0.5）
学习兴趣	对学习有浓厚的兴趣			
	积极参与音乐活动			
学习态度	学习有自觉性			
	学习时注意力集中			
	积极进行自评和互评			

续表

<table>
<tr><th rowspan="2">评价内容</th><th rowspan="2">评价标准</th><th colspan="3">评价等级</th></tr>
<tr><th>A（1）</th><th>B（0.7）</th><th>C（0.5）</th></tr>
<tr><td rowspan="2">学习自信心、自主性</td><td>有自己独特的音乐学习方式</td><td></td><td></td><td></td></tr>
<tr><td>能大胆表明自己的观点</td><td></td><td></td><td></td></tr>
<tr><td rowspan="2">与同学合作方面</td><td>尊重别人的意见</td><td></td><td></td><td></td></tr>
<tr><td>积极参与小组讨论、交流</td><td></td><td></td><td></td></tr>
<tr><td>总成绩</td><td colspan="4"></td></tr>
</table>

（三）音乐会评价法

教师和学校不应该在评价教学的过程中只关注结果，而应该更加注重学生的全面成长与发展过程，这也是发展性评价的重要观点。教师要把总结性评价和形成性评价结合起来并且从始至终贯穿在教学活动当中。音乐教学过程也是教师要开展的一个实践过程，教师应该在教学过程中提供可以让音乐和评价融合的平台和机会。一方面适当鼓励学生将自己的优点和特点展示给大家，从而发掘自己的优点和潜能，另一方面可以让每一个学生充分参与到整个实践教学中，不管是表演还是评价，通过这种方式可以让学生们更加享受音乐的乐趣并且开阔自身的音乐视野。

1. 评价的内容

学生可以根据自己所擅长的音乐形式进行表演，表演内容同时也可以依据学生自己的兴趣爱好自行施展，可以是唱歌的形式（伴奏自己准备或者请老师同学进行伴奏）；乐器演奏（可以是课堂乐器或者课外所学的其他乐器）；舞蹈表演（可以是独舞也可以是集体舞蹈，伴奏音乐需要自行准备）；介绍音乐文化、作曲家、音乐制品等；讲叙音乐故事或与音乐相关文化知识等内容。

2. 具体操作方法

学生自发组合，四名学生为一个小组，每个小组需要推选出一名小组长，同时，教师对各个小组进行编号，然后确定小组所在音乐教室的座位顺序。文娱委员负责提前通知各个表演小组，让学生们提前合作并且练习所要表演的内容。表演前由组员将所要表演的节目名称上报至评价组长，并且通过推选或者邀请的方式由其他同学担任本次节目的主持人。表演时间一般安排在课前 5 至 10 分钟。课堂音乐会中，文娱委员把评价表格发放至其他评价小组组长手中，推选出的小组长负责对本次表演进行介绍。表演全部结束之后，对小组四位成员合作所取得的星星级别和个数进行统计，最终由小组长把小组评价的意见记录在表格中，同时交还给文娱委员。为了达到完成教学任务的目的，评价一般都放在课后进行。星星总数由评价小组商议后给出建议，并且评选出参演小组中获得荣誉称号的同学。荣誉称号一般在下一节音乐课中进行公布。

荣誉称号的评定是根据学生的表演形式以及表演内容和特长来决定的。例如：三星级的荣誉称号有“小歌星”“演奏家”“表演明星”“音乐欣赏家”。标准分别是：“小歌星”要求能够独立、自信、有表情地演唱歌曲，音调、节奏准确，声音自然清晰，吐字和姿势良好。“演奏家”要求能够准确、独立地用乐器演奏乐曲，音高、节奏正确，表现出一定的技术能力。“表演明星”要求能够结合所学的歌曲、乐曲创编形体动作，动作优美，富有表现力；或能够创设表演情景进行小品、戏曲、相声等其他艺术形式的表演。“音乐欣赏家”要求能够结合音乐准确地说出音乐的曲名、作曲家，评析音乐的旋律、感情变化以及音乐的形式等；并且能够根据相关资料准确流畅地讲述音乐家或者音乐相关的文化知识。二星级的荣誉称号有“小歌手”“小乐手”“表演手”“音乐爱好者”。要求能够独立、顺利地完成表演，但在音高、节奏或表现方面还有些欠缺。一星级的荣誉称号为“初学者”。要求学生能够积极地参与表演，但不能够较完整地完成表演，表现得不自信，声音细小模糊不清。星星总数的合计标准：（以 12 个小组参加评价为例），总数获得 12—17 颗星的为“初学者”；总数获得 18—29 颗星的可获第二级别的荣誉称号，如“小歌手”等；总数获得 30—36 颗星的可获第三级别的荣誉称号，如“小歌星”等。“小组评星”

采用三星制，分三星、二星、一星三个等级，“小组建议”填写与星的等级相对应的荣誉称号。最后两项内容由教师和文娱委员填写，“全班合计”一项需填写星星的总数。“荣誉称号”一项是根据获得星星的总数结合小组的建议评选出来的。

评价的根本目的不单单是用来区分优劣高下，更重要的是为了促进音乐教育的发展。将纵向的自我评比作为评价的重点，教师们应该用发展的眼光客观地对学生的发展进行评价，使学生能够始终处于一个良好的自我发展平台。在一个自然学年中多次进行音乐评价不仅可以为学生提供多次纵向评比的空间，同时还可以让学生在纵向评比中发现自身的优缺点以及明确下一步的目标。例如：有的学生音乐能力不足，初始阶段过于不自信、胆怯，没能很好地将自己的优点和特长展示出来，仅获得了一个“初学者”的称号。虽然仅得到“初学者”的称号，但是只要通过不懈地努力就能成为“音乐爱好者”，最终会有机会晋升至“音乐欣赏家”。荣誉称号的评价方式本身就是为了激励学生更好地对音乐产生兴趣以及激发学生的自主学习能力，从而帮助学生克服恐惧，变得更加自信。

第二节　评价的内容与形式

一、中小学音乐教学评价的主要内容

（一）理论环节评价

1. 音乐表现要素

（1）音高、音色

音高和音色是音乐中通过听觉器官感受到的非常重要的两个要素。中小学对音高的评价各不相同，评价的内容主要是对音符的掌握情况，同时要求学生可以准确地分辨出高音与低音。音色是最具感性色彩的音乐要素，演奏者和演唱者一生都在追求美妙的音色。对音色的辨别是教师通过

音乐课要教授给学生们的重要能力。音色也是评价的主要内容，培养学生通过感受和听辨来建立各种各样的器乐之间的音色的联系。

(2) 速度、力度

速度和力度是音乐中表达作者情感的重要因素。在相同的一段旋律中，不同的节奏所表达的情感也不尽相同。例如《葬礼进行曲》，现代版本中其节奏十分缓慢，听起来有一种悲痛的感觉在其中，但是这个曲子刚兴起的时候，它的速度要比现在快不少，给听众一种十分欢快的感觉，完全没有这种悲痛的情感。所以一个乐曲采用何种速度表演或者演奏，所产生的音响和情感也是不同的，这就需要培养学生的听辨能力。这是我们对音乐速度、力度评价的主要内容。

(3) 节奏、节拍

描绘音乐形象的重要手段是音乐的节奏，同时，好的节奏就意味着音乐有一副好的骨架。节拍和节奏之间的关系十分密切，节拍承担着组织节奏的任务。在学习节奏初始阶段，学生需要学会打拍子，从而能够掌握节奏的准确性。对于拍号来说，学生们要知道拍号的强与弱，然后要掌握拍子在操作时的动作。拍号的节拍感可以通过学习指挥图式和表演活动等实践活动来掌握和巩固。

(4) 调式与曲式

调式的知识在小学时几乎不怎么接触，但到了中学的时候需要掌握相关知识。对各种调的调号、音阶、主音的整体把控需要做出评价。对于曲式的评价教师必须要注意学生是否可以准确地对音乐和曲子的结构进行分辨，以及对常见的调号具备基本的理解和区分的能力。

(5) 音乐记号

记谱法对音乐内容的表现与传达起着十分重要的作用。我们在评价时要看学生对记号的记忆程度、理解力和实际运用的能力。

2. 音乐风格与流派

音乐不同风格主要是受到不同地区、不同民族、不同时代、不同作曲家的影响而形成的，同时，音乐也是个人情感表达的主要方式。在对音乐的风格与流派进行评价时，我们需要学生可以通过内在感情去感受音乐的多元化以及不同曲风和流派所带来的不同感受，主要进行体验，并不倡导深入到不同风格具体特点的学习中。

3. 音乐体裁

音乐作品拥有很多不同的体裁，在小学期间要求学生对体裁有所了解，评价的要点是学生要根据不同的体裁和类别的歌曲进行哼唱和律动，重点需要放在律动上面。中学时期则需要重点加强的是聆听、哼唱、记忆以及作品积累等能力，同时要求学生可以分辨作品所用的体裁以及形式上的不同，为可以相伴终身的审美观和创造力打下坚实的基础。教师在评价时要注意不同的教学目标需要采用不一样的评价方式，切记不可以偏概全。

4. 音乐与相关文化

音乐的常识性知识由音乐多元文化和音乐与姊妹艺术两点组成。

（1）音乐多元文化

音乐的多元化是在经历了社会快速发展与不同种族的文化融合之后演变而来的。音乐同样也背负着传承和弘扬传统音乐文化的艰巨任务，同时音乐在不断吸收着来自外部的元素来完成与时俱进的演变。小学阶段对音乐的评价内容并不深刻，只需要学生对多元化音乐有所了解即可，主要教育目的是为了培养学生的欣赏以及乐感能力。年龄不同，学习效果也存在着差异，所以在进行评价时要格外注意掌握知识的深浅程度。

（2）音乐与姊妹艺术

姊妹艺术是把美术、戏剧、舞蹈、影视等表演艺术紧密地联系起来，它们被统称为姊妹艺术。

①音乐与舞蹈

舞蹈是通过音响和律动结合所产生的一种艺术形式，没有音乐就没有舞蹈。学生可以依靠节奏进行简单的基本的舞动，同时对于不同的舞蹈类型如民族舞、现代舞等进行简单的欣赏、评价和体验。要能够准确区分3拍圆舞曲和2拍进行曲的不同特点。

②音乐与美术

音乐是通过声音向外界传达作者内心情感的一种表现形式，而美术则是用简单的线条和色彩将作者的内心情绪表达出来。

③音乐与戏剧

中国曲艺样式丰富多彩，京剧、豫剧、评剧、越剧、黄梅戏等等，曲是曲艺，如京韵大鼓、快板书、二人转、凤阳花鼓等等。评价的重点在京剧相关的知识层面上，以及对戏剧的基本了解上即可。

（二）实践环节评价

1. 识谱能力

识谱能力在学生音乐学习中起到非常重要的作用，它能够提高学生内在感受、内在理解、表演以及创作音乐的能力。新课标十分注重对学生各项能力的培养，其中包括基本识谱能力。学习乐谱是为了在演奏、唱歌等实践中可以更好地应用，苏州教材已经将乐谱全部简谱化，去除了五线谱，这样的操作可以减少学生在学习音乐时的难度。学生识谱能力的评价主要考核学生是否具备快速、准确唱出所见乐谱的能力。

2. 歌唱能力

歌唱能力是实施中小学德智体美劳全面发展的重要途径之一，同时也是学习音乐基础知识的基本能力。歌唱评价主要是考核学生是否能够将歌曲演唱完整，是否加入了个人情感在里面，丰富学生的审美体验。教师在评价时要注意学生是不是可以正确地理解歌词中想要表达的含义，是不是可以准确地对歌曲的情绪、意境、风格，以及速度、节奏、强弱等其他特点予以掌握。并通过鼓励和指导的方式，带动学生的创造力，最终由学生形成自己的风格特点。

3. 演奏能力

培养中小学生对乐器的使用能力，演奏技巧、创造力与表现力以及合奏能力等统称为演奏能力。

二、中小学音乐教学评价的基本形式

（一）教师评价

教师是传达人类知识文明，教育精进思想品德，育人为本，将教育人才作为最重要工作的职业。学校的教学质量与教师的职业素养和能力密不可分。

教师的评价可以帮助教师提高本身的职业素养，并且可以更好地使教师高质量地完成教学工作，同时也可以反映出教师教学质量存在的差异，并且正确引导教师按照教育教学规律进行工作。音乐教师的评价要打破传统的教师工作业绩认识，并建立多元化的评价观念。

（二）课程评价

课程评价是指教师在教授课程中的计划、标准、教材等方面如何精进才可以解决学生在学习中所遇到的问题，通过专业的评价方法和技术手段进行的评价。根据课程的最终目的、编订教材以及课程实施难度，来判定课程设计最终的效果，最后再改进课程的决策以及方向。评价者需要大量收集音乐课程体系相关资料，依据标准对音乐课程体系给出判断。音乐课程评价肩负着重要导向和质量监控的重任，同时也是帮助教师提高音乐教学质量的重要手段。

（三）学生评价

学生评价是教学评价中最重要也是最不可忽视的一个领域，学生是衡量学校和教师教育的工作标准。有效地对学生实施评价、促进学生的德智体美劳全面发展，可以提高学校的教育工作水平。

对学生的评价，主要包括认知水平、艺术实践能力及审美情感和学习情感的检测和评价三个方面。

1. 认知水平的检测和评价

识谱知识、音乐形式、音乐常识等统称为学生的认知水平，学生的认知水平主要指的就是音乐的理论知识。了解、记住、理解、运用这四个方面为学生掌握知识的四个层次。重点是评价音乐形式要素和艺术实践的综合能力，摒弃死记硬背的旧式传统模式，加强听音、识谱、演唱、演奏、唱游、欣赏、创作等艺术实践活动的开展。

2. 艺术实践能力的检测和评价

音乐中的艺术实践主要对演唱、演奏、唱游、欣赏、视唱、听音等诸多方面进行实践，教师通过测试和测评的方式评价学生的音乐鉴赏力、艺术表现力以及创造能力。

3. 审美情感与学习情感的检测和评价

审美情感主要评测学生对不同形式、体裁、风格的音乐作品的情感把握与理解，来检测和评价学生的音乐审美感情。学生在音乐学习情感中的测评和评价主要对学生的学习兴趣、状态、习惯等进行评价。

第三节　评价体系的创新与发展

一、中小学传统音乐教学评价方法存在的问题

滞后性、制约性、评价标准的不科学性是传统音乐教学的缺点，运用在音乐教学评价中确实存在许多问题。

其一，传统的评价做法对学生的学习成绩十分看重，从而忽略了学生的学习过程。教师在对学生的评价过程中，不能过分关注每学年的期末考试成绩，从而忽视了学生本身所存在的个体差异。教师应该将更多的重心放在学生在学习的过程中是否有进步，哪些方面退步，如果仅关注考试成绩，学生久而久之会产生厌恶学习的心态，导致伤害到学生的自尊心，降低学生学习的主观能动性。

其二，传统评价指标只是关注考试成绩，往往忽视了学生的发展，同时对学生在学习中所产生的情感、态度，以及价值观没有重视。并且传统评价向来都是与考试密不可分，这也导致甄别就成为评价的另外一种

功能。

其三，传统的评价方法总是通过笔试或者单一表演形式进行测试，然后由教师进行最终打分。久而久之，这种做法会让学生丧失对学习的积极性，同时也不会了解学生的情感发展状况。

最后，传统评价的结果仅是以分数或名次告诉学生一个标准，并没有充分发挥评价的激励、调控、发展等功能。如果仅以传统评价的结果去评价一个学生，很可能会造成学生无法发掘自身的优缺点，无法明确自身需要努力和改进的方向。所以传统评价并没有充分发挥评价的功能。

二、中小学音乐教学评价体系创新和发展的新理念

随着时代的发展，音乐教学事业和音乐教育评价也在与时俱进地不断优化和改革中。通过新旧课标教学建议的不同，我们更容易看出，旧课标更加注重评价是否具备教育功能，是否在教育成绩上有所突破，而新课标则更加强调对学生的激励、鼓励，以及如何改善和完善功能。旧课标的评价标准内容包括学生、教师以及课程管理和课程发展等要素。而新课标中的评价标准则更多地关注学生的成长以及学习规范和指导。同时，对学生的情感态度价值观、过程与方法、知识与技能、实践活动的参与度、对理论知识的理解等多方面进行评价。因此，如何对学生进行评价就是一个重点问题。旧课标评价方式与内容过于单一，不利于学生的进步和发展，也无法重视到学生在学习中的情感，所以，我们首选需要完善评价方法，运用多元化来进行评价，在重视学习成绩的情况下，又要重视师生间的沟通。评价主体也要向多样化转变，比如引入学生互评和家长评价机制等，通过这种机制的引入可以更好地为改进和完善音乐教学工作做出参考。学生是教学中最关键的因素，只有将关注的重点放在学生身上，我们的音乐教学课程质量才会不断提高。

三、中小学音乐教学评价体系创新和发展的目的及意义

音乐教学评价是现代教学中不可缺少也是不可替代的一部分，同时也是推动音乐教学工作、提高学生德智体美劳全方位发展、展现教师教学水

平以及课程建设的重要一环。

（1）音乐教学评价能促进学生的全面发展

音乐教学评价的合理使用可以逐步激发出学生学习音乐的兴趣从而提高其他学科学习的积极性和主动性，同时对学生增加自信心也很有帮助，也对培养学生的审美性和人文性都有着很显著的帮助。

（2）音乐教学评价有助于总结教学经验，寻找音乐教学规律

先进的教学评价可以使音乐教学向好的方向进行改革，提高教师的教学质量，同时也可以使音乐教师更好地结合教学进行反思和总结，从而更好地投入到音乐教学中。

（3）音乐教学评价能促进音乐教师自我修养与专业水平的提高

新课标中表明了音乐教育的基本方针和音乐教学的基本目标，并且更加明确地指出音乐教学的方向和客观标准，教师只有不断提高教育思想、教学水平才能向新课标靠拢。

（4）音乐教学评价能起到对教学进行分析诊断、改进教学的作用

教师在音乐教学的过程中需要根据学生本身的差异定性定量地去评价学生，这样可以让教师发现自身所存在的问题，并进行科学的评估与诊断，从而为改进教学提供依据。

（5）音乐教学评价能促进学校音乐教育管理

科学的音乐教学评价可以使学校制订更合理的音乐教学目标，提高校领导对音乐教师业务能力的重视，完善音乐教学的各项管理工作。

（6）音乐教学评价能提高社会和家庭对音乐教育的重视程度

家庭教育是学校教育以及社会教育的根基，拥有良好的音乐教育就要从家庭教育开始。首先家长需要有正确的价值观，在家长的引导下，家庭音乐教育和家庭所产生的氛围对儿童从小的身心发展都产生着积极且深远的正面影响。通过音乐教学评价，使社会层面对音乐教育更加重视，也对音乐教育的普及做出更大贡献。音乐教育不仅对学生的音乐修养有教化作用，同时对美学、美术等方面也产生着正面影响。这样不仅可以使一般家庭提高对音乐教育的重视和投入，相对贫困的农村家庭也可以进行提高，从而完成对整个社会的音乐普及以及鉴赏水平的提高。

第四节　评价者心理构建及符合学生心理特点的评价机制构建

一、评价者心理建构

（一）教师心理结构剖析

音乐教师是通过音乐审美教育，成为年轻学子音乐美的引路人。音乐教师心理结构应与这一目标相吻合。音乐审美教育拥有塑造人类、提高人的审美能力的功能，具有以美育为中介使人向善、求真，德、智、体全面发展的作用；又具有一般审美教育不能替代的特殊功能：音乐美具有生理价值和心理价值高度统一的特点，可以充分满足人类身心两极的需要；音乐形态美给人听觉上的愉悦、令人的幻想力可以自由地驰骋，情态美对人类各种情绪需求的满足、调节，意态美使人心灵与精神的超越等价值都令音乐审美教育具有独特的作用。审美主体在音乐审美实践中，其器官的敏捷性、情态体验的丰富性可以获得发展和强化；表象扩展与转换的灵活性和把握整体结构、统摄各种心理因素的整合力可以得到巩固和提高。在音乐审美活动中，“严谨的规范化与自由的主动性”❶ 相结合的特征，对人类创造性实践能力的培育，更使音乐审美教育与人类发展的总体目标密切相关。

两千多年前的古希腊将音乐与修辞学、体操并列成培养人才的三大学科。中世纪，音乐和算术、天文学、几何学并称为七艺中层次较高的四艺，音乐同时也作为教育的基本学科。早期中国古代教育中，乐为“六艺”中很重要的一科。著名教育家孔子就强调：“兴于诗，立于礼，成于乐”（《泰伯》）把“乐教的完成视为教育完成的最后阶段”。当今世界各国对音乐教育都有不同程度的加强。美国在 1967 年拟定的《坦格伍德宣

❶ 赵宋光．生产力见地上的音乐教育观［J］．中央音乐学院学报，1995（01）

言》上，提倡“把音乐置于学校课程的核心”。同时在《2000 年目标：美国教育法》中，把音乐在内的艺术课程定为美国中小学的核心科目。蔡元培等人在 20 世纪初期十分强调美育在现代教育中的地位。

音乐教师是将国家、时代、民族对音乐教育的未来期待进行实现的中介。教师作为教育目标实现、教育功能贯彻的实施者，具有举足轻重的作用。但是，目前国内的音乐教育状况与教师队伍的情况，与这一要求却相距甚远。

问题一：某些地方的教育管理部门忽视音乐教育，令师资队伍的建设受到不同程度的影响。在 1994 年的国家教委艺教委第三届全体委员会议纪要中指出：“从总体上看，学校艺术教育仍然是整个教育中最为薄弱的一个环节。”由于教育经费不足，导致师资队伍出现“缺额最大、合格率最低”的情况。

问题二：我国在音乐教育中长期存在只看重理论教学而忽视审美能力培养的问题。伍雍谊在《我国学校音乐教育的回顾与展望》一文中就提到过这样的问题。伍雍谊认为在我国的音乐教育中，西洋音乐占据重要地位，希望能够建立并发扬民族音乐为主体的教学体系。由此可见，音乐教师大多数对传统民族音乐与中国古代音乐体系缺乏系统认识，更加不具备推陈出新的自觉性。同样对世界各民族的音乐资源也不具备熟悉和掌握的能力。

问题三：教育知识和人文知识的双重匮乏是音乐教师在基础理论应用与教学操作和研究上能力不够出色的原因。天津音乐学院音乐教育系的毕业生调查反馈中，可以看出用人单位对求职者的基本要求和意见。其中包括：

（1）学生在高等学校所学习到的理论知识和专业技巧在实际工作中基本派不上用途，而工作中急需的是应用能力和综合能力。

（2）指挥声乐和乐器，驾驭课堂以及组织教学的能力较差；指导课外实践活动的能力不足，对合唱队、乐队的组织和指导能力无法彰显，使得音乐教育落后于其他学科。

（3）参与科研活动的积极性和自主性不高，科研实践能力、文字表达能力与口头表达能力都只能达到一般水平，无法更多地参加教学科研以及其他论文的讨论和交流活动。

社会影响加上流行音乐所带来的猛烈冲击，使得音乐教师出现了力不从心的状况，在校5天的时间无法与在家2天相抗衡，于是就产生了7-2=0的结果，在家2天的时间完全抵消了学校音乐教学的成果。

通过指引、培养，教育出大量的适应音乐教育的人才来实现音乐审美教育的目标，要改造现有的师资队伍，使之有效地发挥作用，就必须研究音乐教师最理想的心理结构的构成以及心理结构的整合和构建的规律。

从古至今不少教育家与音乐教育家对有关教师心理结构的论述数不胜数，其中更容易让我们产生共鸣的是：孔子把“学而不厌，诲人不倦”作为教师的基本心理素质，同时还提出了教师应该做到“知之为知之，不知为不知，是知也”的求实态度；“三人行，必有我师焉”的自谦精神；“其身正，不令而行”的以身作则原则；“发愤忘食，乐以忘忧”的积极乐观精神等。孔子也谈到了教师能力上的要求：理解学生的“知人”能力；“听其言而观其行”的辨人方法；“循循善诱”的启发诱导；“因材施教”的教学能力等。我国战国末年的《学记》，阐述了教师在心理方面的要求，提倡要善用“博喻”；善于言辞的“约而达，微而藏，罕譬而喻”；善于思考和自省，同时要具备创新能力，认为“记问之学，不足以为人师”。

《师说》一书中，韩愈立场坚定地指出：“师者，所以传道、受业、解惑也。”这三条原则也成为了之后历代教师的准则。朱熹则更加看重为学上应能：“博学之，审问之，慎思之，明辨之，笃行之。”

明清的王夫之十分重视教师心理品质的塑造，他提出教师“必恒其教事”，要坚持不懈地做好教育工作。教师要“教师需要自身先对学文掌握透彻、理解其深层含义才可以让学生掌握为学之道”。

在国外的教育心理学研究中，教育家第斯多惠认为：教师应该具备创新能力并且可以合理地将这种能力运用到教育教学中去；也要具备言简意赅的语言表达方式，不要对学生反复进行说教式教育；同时更需要具备坚韧不拔的意志品质。

教育要以学生为本，需要以促进学生性格发展和发掘其潜能为中心，教师在教学中应担当助产士的角色。罗杰斯的《自由学习》一书中明确指出：教师应该充分信任自己的学生，这种信任是相互的，相信且愿意为学生搭建展现他们自己潜能的舞台；教师必须要做到言行一致，给学生做好榜样；尊重、重视学生在学习过程中的情感和建议；设身处地地与学生进行交流，了解学生在学习过程中所遇到的问题和内心世界等。

上述是中外教育家对教师心理结构因素的见解，有助于音乐教师心理素质的分析。音乐教育家的有关论著，更有利于问题研究的深入。

教师所具有的个人素质、音乐能力和专业水平素质是音乐教师取得音乐证书的关键，其中需要音乐教师提高自身的社交能力、调节能力以及对新思想的接受和评价能力；又要对音乐表演、音乐创造、鉴赏等能力有自己的独特见解；同时还要具备把握音乐教育思想又能运用到理论知识中去的能力，教师还需要不断地理解教师的职业职责，在工作中和学习中不断进取。[1]

刘沛所编写的《美国音乐教育概况》中就谈到：1. 较宽泛的社会、自然、行为科学知识；2. 卓越的语言和文字表达能力；3. 具有某一方面或者某些方面的音乐特长；4. 基本的音乐理论基础知识和技能；5. 掌握普通教育理论和教学方法；6. 音乐教育理论的方式和方法等六个层面的内容。这六个方面内容是美国各大高校在音乐教育中主要要求教师需要具备的能力和知识。[2]

在国家教委制定的《全国学校艺术教育总体规划 1989 年—2000 年》中明确提出我国艺术教师任职资格："所有院校的艺术教师必须坚持四项基本原则，热爱艺术教育事业，以身作则，并且具有本学科的基本理论、基础知识和基本技能，具备较高的职业道德和文化素质，能够掌握艺术教育的特点以及规律，具有从事课堂艺术教学、组织实践辅导课外艺术教育的能力。"此外，刘沛的学术论文《对高师音乐教育的思考》、廖家骅的论文《通材教育——高师音乐专业改革的目标》等都涉及到音乐教师的基本素质问题。曹惠康的论文《音乐教师审美素质的理想结构》则较全面地分析了音乐教师的专业素质、职能素质和规范素质。

综上所述，我们可以看出中外教育家在教师心理研究上通过知、情、意以及能力、个性等各方面来帮助教师构建心理领域。我们认为仍有必要在此基础上，结合我们的研究，对已有成果进行梳理、分析、补充、丰富，使心理结构的分析较符合 21 世纪中国音乐教育工作者的要求。

---

[1] 迈克尔·L. 马克. 当代音乐教育［M］. 北京：文化艺术出版社，1991.

[2] 刘沛. 美国音乐教育概况［M］. 上海：上海教育出版社，1998.

1. **认知结构**

（1）应该时刻保有科学的世界观、拥有积极的人生观以及辩证的唯物主义哲学观，进步的教育观和价值观。同时，教师也应该具备和肩负兴盛中华民族传统音乐文化、传播与教授人类文明成果，并让两者可以有效地结合以及和谐发展的崇高理想。

（2）在知识的结构上既要有全面系统的人文基础知识和科学知识作为根源，又要具备可以全面地将自己所掌握的理论知识教授给学生的能力，同时还要有将理论知识和音乐知识相结合的能力。

（3）既要有对音乐美术深入体验的感性积淀，又要有理性上对美的形态分析把握的厚实积累。

认知结构对主体既有指引作用，又是其他心理因素形成的基础。很难设想一个对人生消极、悲观的人，能有平衡的情感状态与坚强的意志；一个分析问题极端、片面的人，可以知己知彼、与群体的关系协调；一个知识贫乏的人，能够具有发散思维的思考能力和富于创造的精神；一个无法坚持正确信念的人，能够拥有高尚的品格与情操。

不管是中国还是外国的教育家，在教师心理研究上都会通过知、情、意以及能力、个性等方面来帮助教师全面构建其心理领域正确的世界观、人生观。其作用不是短期的，极有可能影响到别人一生的选择和整个人生的道路。只有掌握辩证的唯物主义哲学观才能准确地把握音乐与自然、社会这三者之间的关系；使人可以更好地掌握音乐与教育的规律，正确分析主客体之间的矛盾，处理好师生关系。至于弘扬民族文化与人类的文明精神，这是国家与时代的要求，亦是人类发展的需要。若不把民族文化的发展与人类发展的总体目标相协调，就会出现片面性。在德国历史上，学校过度宣扬音乐教育中的民族主义情绪是失误的做法，应引以为戒。美学、哲学、心理学、社会学、人类学、历史学等众多学科都与音乐教育有着紧密的联系。外国很多大学的音乐教育课程专业设置，都包含了以上所述的知识。就像美国哥伦布学院音乐教育专业的核心课程可分为四个不同的区域，区一是人文艺术，课程有英语写作、美术欣赏和美术史、戏剧课程、音乐课程、文学课程和哲学课程。区二是科学和数学，设有实验课程（生物学、植物学、化学、物理学）和数学、逻辑学等课程。区三是社会科学，包括历史、美国政体、社会学、经济学、地理学、心理学等。区四为专业课程。前三区的课程占学时的 2/3。

丰富的审美体验和认知的积聚，可以让理智的想法得到沉淀并且富有生动的感性基础，可以让枯燥乏味的理论知识与实践结合地更自然，理论与应用融合地更加顺畅。艺术教师必须要具备很多种用生动形象所做的艺术材料作为自身的积累，同时更需要不断地提升自己美的感悟和对美的体验与沉淀。

2. 意志品质结构

（1）音乐教师需要具有为音乐教育事业奋斗终生的意志，具备坚韧不拔的精神。

（2）具有原则性与灵活性的统一，果断性与科学性相结合的素质。

现代人生存、发展的环境，中国音乐教育所面临的困境，都要求音乐教师必须锻炼自己的意志。当今世界生态平衡的失调，给人类带来了频繁的自然灾害和各种疾病；经济发展的不平衡、贫富悬殊的现状，使人类产生各种心理问题。人不具备坚强的意志品质，就难以在危机中生存，在挫折中发展。音乐教育设置的目标、要求的条件，与自身所处地位的强烈反差和与音乐教师素质形成的矛盾，这都使中国音乐教师的工作困难重重。这对国内音乐教师的意志力也是极大的考验。《逆境商数》是由保罗·史托兹博士撰写的，书中较为详细地介绍了 AQ（逆境商数）的作用，同时详细且彻底地分析了人在对自己不利的情况下应该采取什么样的态度、做法让挫折对自己的影响降到最低，并且尽快走出不利影响，向成功迈进。因此，提高主体抗逆境的能力，是构建其意志力结构的重要因素。

3. 情感结构

（1）具备充足、平均、调和的感情平稳状态与自我调节的敏捷机制。具备优良的道德品质和职业所需的责任感。

（2）善于协作，通过调和的方式最终达到与学生平等对话、亲密无间地交流，从而帮助学生提高他们的自觉性和主观能动性。

过去的教育中盲目地强调智商而忽略了情商的作用，结果发现高智商、低情商的人不能够很好地适应社会的需求，社会中仅有高智商是远远不够的，只有双商都高的人才能符合当今社会发展的要求。由北京大学海云明主编的《情感智商》这本书中介绍，美国心理学家曾对该国中学的 81

位最优秀的毕业生进行过跟踪调查。不管是在中学还是大学，这些学生的学习成绩和智商都是名列前茅，但是在毕业后的十年，这 81 名学生仅有 25%的人成为行业中的佼佼者，而剩下的 75%的人表现得平淡无奇。90 年代初期美国心理学家开始逐步研究学生的情商情况，发现在成功的人中高智商人数仅占 20%，而其他成功要素却可以占据 80%。1996 年，美国心理学专家沙洛维和梅耶于对情商这一词进行了首次修订，通过这次修订我们可以完全地了解情商发展在人的整体发展中所占据的重要地位。情商包含以下四个方面的能力：一是自己对自身的情绪感知、评价和语言以及肢体表达能力；二是自己对自身所产生的情绪的促进能力；三是自己应当具备认知、解析、辨别情绪的能力；四是调和平复自己所产生的情绪的能力。由此可见，情商可以较为完整地体现现代个体在社会中所应该具备的能力，这些能力可以帮助自己在事业中取得较高的成功率。高情商使人具有更好的竞争力、调节力、控制力和交际活动能力。

教育工作是教与学统一的活动。学生是教育目标的最终具体实现者，教师的教育是要通过学生来进行体现的。教师在教学过程中，要控制、调节自己的情绪、并且还需要激活、掌握学生的情绪，如果不能做到就难以完成教学任务。在教授学生的过程中，学生的学习积极性、自主性、创造性的发挥，需要教师不懈的鼓励和用激情去感染和带动。同时，教师还应采取启示和指导的教育模式，尤其是在音乐教育中，教师要以音乐艺术之情去引导诱发学生的审美，使学生从心灵上得到更好的升华。这就需要教师不断提高自己的情商，以适应工作的要求。

4. **能力结构**

（1）教师应该热爱音乐教学事业，能够通过音乐教学事业找到实现自我价值和自我存在的动机。

（2）教师应该具备逻辑思维、形象思维、直觉思维联合构成的混合型思维模式结构，同时要培养和开发学生的创作潜能。

（3）教师还应该具备机敏的音乐审美能力，可以通过音乐的教与学在工作生活中不断指引学生去感受美、鉴别美、创造美。

（4）教师应该具备一定的音乐表演才能，通过创作作品在课内和课外对自己的表演能力进行实践，同时也要具备组织辅导音乐活动的能力。

（5）教师应具备多种教学能力并且可以熟练地将这些能力运用在音乐

教学和研究教学中，具有设计教案以及实施教案的实践执行力。

在能力结构中后两条较易理解，但是前三个因素也非常重要，它们可以使主体的能力结构构建得更迅速、更全面。教师具备对教学的热爱的动机就有了不断前进的动力和对事业的奉献精神。如北京航空航天大学的赵元修教授，他原本是火箭气体动力研究的专家，但对音乐的热爱、对音乐教育的兴趣，使他利用一切业余时间，在北航与北京医科大学等十几所高校义务开设音乐欣赏讲座。

培养混合性思维的关键在于如何将多种复杂的思维构建成为一个整体。拥有正确的逻辑思维可以让音乐教师具有由此及彼、由表及里、从小到大，对任何教学事物进行整体参照、统筹以及掌握分析本质的能力。音乐教师的形象思维要求音乐教师在音乐鉴赏中需要拥有较强的创造力和联动能力，这样可以更加准确地帮助音乐教师直观地感觉乐曲中美的价值，心理形态也需要更加有序协调。直觉思维是以创造性思维为基础，通过在现实直接快速地洞察事物本质，来突破循轨的思维与传统观念的限制，勇于创新。直觉思维的培养，对以创新为灵魂的中华民族的振兴、以创新为导向的新世纪文化建设，有重要的意义。

审美能力是美育工作者应有的素质。音乐教师通过用音乐、仪表、语言、气质、教学技艺去引导学生如何进入音乐世界，并通过音乐的审美让学生用美的法则去塑造艺术主体，并且用美的规律创造客体，从而改变社会环境。

通过全国中小学音乐课（录像）评比活动，我们可以看到国内有一批优秀教师在能力结构上已达到相当高的水准。从我们进行调研的广州市第109中小学、铁路第一中小学、五羊中小学的音乐教师的情况来看，教师都具备较高的音乐教学能力。只要教师们不断努力、持之以恒，一定会有更多的人达到教学实践的理想境界。

（二）心理结构的差异

音乐教师心理结构的差异，既体现于群体的区别，也体现在个性的不同。

1. 教师群体心理结构的差异

教师群体的差异可因教育客体不同对其心理结构要求的不同所致。如小学音乐教师所要求掌握的儿童歌舞、游戏、律动的能力，对普通高校音乐教师就不一定十分重要。师范院校音乐系的教师在掌握教育理论的系统性、全面性、深刻性上，应比中小学教师要求更高。普通大学音乐教师必须掌握的跨学科知识、人文社科和自然科学的知识应比中小学教师更广泛、丰富。中小学音乐教师要求相当高的音乐实践能力、组织能力以便适应教学与课外艺术实践的需要；大学教师根据大学教育教学与科研并重的活动结构，还要不断提高科学研究的能力。刘兆吉主编的《高等学校教育心理学》就专门谈及大学教师的基本心理品质，归结为六点是：(1) 自尊自信，重视威望。由于大学教师文化素质、学术水平和所处地位的关系，他们的自尊心与自信心都比较强。他们重视威望既体现在对同行专家、权威意见的看重，也表现于重视自己在学生中的威信和影响。(2) 注重专业，学而不厌。高等教育专业性较强，使得教师把专业水平、能力和成果视为安身立命之本。要保持自己在学术上的优势，就要不断学习、充实、提高。(3) 独立自主。大学的教学、科研工作具有明显的个性化特征。因此，独立思考、崇尚理性成为其普遍的个体特点。(4) 追求成就，淡泊利欲。通过对高校教师教育理论和价值观的调查显示：他们往往把事业成就视为人生的首要价值。(5) 情感丰富，体验深刻。大学教师的学识和素养使之更注意自己的情感结构的调节、丰富和充实，并以此为事业发展的基础。(6) 教书育人，以身作则。大学的地位、影响，教育对象的素质、期待，使大学教师具有强烈的责任感和自律要求，把为国家培育英才作为毕生奋斗的目标。

幼儿园的音乐教师应能形象地演奏钢琴、手风琴等键盘乐器，能进行幼儿歌曲的演唱示范和简单的乐理知识的启蒙教育，最好能为幼儿创编、排演歌舞和开设音乐欣赏课。中小学音乐教师应具备一专多能的素质。有相当的声乐演唱、钢琴弹奏、器乐合奏的技能，音乐教师应该具备丰富的音乐理论知识以及具备一定的创作乐曲的技能，这样才可以更加出色地完成中小学的教学任务。

2. 教师的个性差异

教师的个性特征与年龄、性别、气质、学历、能力、兴趣、社会阶层等因素相关。年龄的不同对经验的积累、精力的盛衰、观念的选择、能力的培养相关。通常资历老的教师经验丰富、责任心强、专业思想较为稳定，对事情的理解和体验比较深刻；但是由于年龄问题，导致感受力和记忆力下降，对新鲜事物接纳程度有限。年轻教师则充满活力，积极上进，其感受力、记忆力、创造性都处于最佳状态，思维也十分敏捷；但是专业思想不够稳定，在教学经验方面也有所欠缺，情绪不够稳定，分析问题也不够周全。

男女之间不论在思维方式、观察事物、情感体验和调节程度、行为反应上都存在着不同程度上的差异。男性思维逻辑、抽象能力较强，在教学过程中可以更加清晰地剖析讲述对象。而女性思维逻辑则更倾向于形象思维、语言表示能力较强，十分擅长使用绘声绘色的言辞来展现客体。男性喜欢观察事物的外貌、变化的动态、探究其内部的构造。女性对周围的人则更有兴趣，对人的情感变化与内心世界更加好奇。

学历不同使得教师所擅长的方向也不同。音乐学院毕业的学生具备扎实的专业基础与实践能力，但是往往不具备系统的理论知识。师范院校毕业的学生对理论知识十分熟悉，但是对实践活动又不一定出色。各种个性因素的交融、协调使每个教师都独具自己与众不同的优势与不足，形成各自的差异与特性。如何能扬长避短，不断提高，成为一个最出色的音乐教育工作者、音乐教育家，就要注意如何构建心理结构的问题。

二、心理结构的建构原则

我们将从组成音乐教师最佳心理结构的五个方面进行详细的介绍：知识结构、感情结构、意识结构、能力结构、人格心理结构，这五个结构非常清晰地概述了他们之间所存在的相互调和与相互合作的作用。这一节，我们就如何构建这种心理模式的问题，提出几个原则性问题供教师们思考。

（一）自我调节原则

美国学者埃里克·詹奇在《自组织的宇宙观》一书中提出的自组织进化论，为本节自我调节的原则提供了理论基础。这种本质上适合生命模型而不是机械模型的理论，揭示了处于不断变更的动态系统具有的自我组织、自我调节、自我超越的特征。这种自组织范式具有宏观动力学的视野，在连续交换中与环境共同进化。自组织动力学的同源性等理论不仅对于人类的进化研究有特殊的意义，同样对于个人的发展也有重要的价值。

对于音乐教师来说，自我调节原则也是实现自我价值和自我突破的关键。首先，这需要教师有一种开放、包容的心态，具有与时俱进、不断创新的精神。在当代社会，外部环境飞速变化，对音乐学科和教职人员的要求也在不断变化，唯有开放性的心态才能应对新时代、新形势下的各种挑战，有效吸纳新元素的优势来弥补传统教学模式的不足。目前，国际音乐教育学会提倡音乐教育中的跨文化主义、多元文化主义、全球主义，世界音乐资源的共享成为国内外音乐教育的热门话题。从刘沛撰文介绍的美国音乐教育动态来看，在其最新的国家音乐教育标准中，学习领域的十个方面就有世界音乐的内容。在幼儿园至四年级的内容标准里，要求用简单的术语描述至少两种代表性文化（如拉丁美洲、加勒比）的音乐怎样使用音高、节奏、力度和音色等基本要素。判断一些具体的音乐作品属于相同还是不同的文化，并说明理由。描述世界上各种文化中不同场合（如仪式、庆典）的音乐的作用和音乐家的角色。在美国这个多种族的移民国家，多元文化的教育是社会的必然要求。在美国音乐教师心目中，音乐教育具有各民族音乐混合的性质。除了西欧古典音乐外还有爵士乐、布鲁斯、加纳鼓、中国京剧、中国尺八、印尼加美兰等。那么，我们的音乐教师对讲授世界音乐作好充分准备没有？调查显示，我国中小学音乐教材和大纲中，无论是文字材料，还是图像、音响、视频等多媒体资料都没能有效涵盖世界各民族的代表性音乐作品。在音乐形式的介绍和音乐技能的训练中，也没能让学生对其他国家的音乐流派、风格有明确的认识和掌握。因此，如果教师不自我升级知识结构，不自我调整实践形式，将无法适应21世纪国际音乐教育的要求，令我国孩子在音乐启蒙阶段就落后于其他国家的孩子。从长远上看，也会造成学生音乐观念的封闭和狭隘，对其音乐思维发展不利。

自我调节还需要教师秉持终身教育的理念和习惯。学无止境，而个体所知始终有限。在如今的信息时代，知识传播迅捷、广泛，而且更新迭代极快，只有保持活到老、学到老的终身学习习惯，才能使教师的个人发展与时代相适应，同时为学生做好榜样。20世纪60年代，联合国教科文组织就推出“终身教育”理念，在国际社会中广受欢迎，成为很多国家、地区教育改革的导向之一。在我国，1993年的《中国教育改革和发展纲要》中第一次提到这一概念；1995年版教育法中才明确规定了终身教育的法律地位，为此提出了指导意见；到了21世纪，《面向21世纪中国教育振兴行动计划》强调利用网络化远程教育来破除终身教育的时间和空间界限，真正完善全年龄的终身教育体系。在其他国家，终身教育已然成为音乐教育从业者的宗旨，不断学习、积极探索、推陈出新乃是对学科、对自我和对学生负责。这一点是很值得我国音乐教师学习的。

同理，中国古代的思想家、教育家也十分重视终身教育全面塑造教师心理结构的重要作用。明代哲学家、思想家王守仁的学而“致良知”说以及王夫之的学习心理观，都是十分关注学习在发展人格、完善人性中的作用。王夫之指出：“人之性，各有所近，而即其所近者，充之以学，则仁智各成其德，而性情功效之间有别焉。”他还认为学习能使人从未知变已知，从无能变有能：“所未知者而求觉焉，所未能者而求效焉，于是而有学。因所觉而涵泳之，知日进不已也。于所效而服习之，能日熟而不息也。”“志立则学思从之，故才日益而聪明盛，成乎富有。”“夫才以用而日生，思以引而不竭”揭示了学习使人获得才智、发挥才华、掌握实践技能的作用。

（二）协调互动原则

当代音乐教育旨在培养素质全面的学生，因此也需要素质全面的教学工作者。在音乐教师的心理结构上，各大要素需要协调发展。包括多元智商与情商、逆商相结合，德与智相统一，博与专相互补，知与行相互动。

1. 多元智商与情商、逆商结合

美国著名的教育家、心理学家加德纳在1983年提出了多元智能的理论，并于1993年以《多元智能》一书予以总结。他认为智能是指解决问题和制造产品的能力。人的智能是由多种因素构成的，在以往的智商测试中，只强调语言智能和逻辑智能，忽略了其他方面的智能，因而抑制了其他智能的发展，使具有多方面智能的人才不能更好地发挥作用。其实，除了上述两种智能外，空间智能、音乐智能、运动智能、人际关系智能、自我认识智能等同等重要。七种智能因素的协调发展才是全面发展的人才。

就音乐教师而言，除了音乐智能，其他智能也要协调发展。语言智能不足，则无法很好地解释音乐的动机和情感，文化素养不足便无法认识音乐作品的思想内涵，对戏剧等文学和艺术相综合的体裁更是无法胜任教授。逻辑智能不足，则既不能顺利把握乐思的发展逻辑，又不能理顺教学的主次逻辑，更不能理解学生对音乐作品的新奇看法或感受。空间智能对应了对音乐的立体想象力，运动智能对应了用肢体动作来描述音乐或带动学生的能力。有人说音乐是流动的时间，有人说是凝固的时间，但无论哪一种，动态是音乐的根本，所以空间智能和运动智能对于音乐的领悟和表现是不可或缺的。缺乏人际关系智能，则无法体会音乐传达的丰富细腻的人际情感；无法实现音乐人才的合作，如合奏或表演；也无法调和表演者与观众、评委，教师与学生等等层面的人际关系。缺乏自我认识与反思的能力，则无法正确评价、分析自己，不能准确地扬长避短，成为一个出色的音乐工作者。作为培养音乐人才或传授音乐美的音乐教师，在多元智能的发展上，就要有更高的要求。如教师具有较高的语言智能，不仅可以用音乐美去感染学生，还能用形象、生动的言语去表达自己的想法，激发学生的兴趣，启迪他们的思维。再如逻辑推理能力亦是教师必备的条件。否则，其教学内容层次不分明、主次不突出，缺乏条理性、逻辑性，更谈不上从教育科学的高度，去提高教学水平、从事科学研究，无法上升到教育家的层次。至于人际关系能力和自我认识能力的高低与教师角色担当的好坏、教与学相互关系的协调程度、教学监控能力的高低有直接关系。可见只有多种智能协调、均衡地发展，才是一位有能力的音乐教师。

优秀的音乐教师不仅要多元智能平衡发展，还需要与情商、逆商相互结合。情商即调控自我和他人情绪的能力，逆商即抗挫折或抗逆境的能力。有解决问题的能力，不等于就能如愿以偿地解决问题。倘若碰到困难与挫折就甩手不干，在竞争中遇到强手就浑身哆嗦，能力再高又如何？反之，只有高情商，却缺乏思考问题、分析问题的能力，对面临的困难束手无策，一筹莫展，也无法到达成功的彼岸。就算高智能和高情商兼备，又能否承受太大的压力与痛苦？能否百折不挠、持之以恒地去寻找扭转乾坤的方式？只有抗逆境商数也与智能、情商同步发展，既有发现问题和解决问题的能力，又有调节主体情绪和相关环境的办法，加上坚持到底的决心和意志力，一切难题便可以迎刃而解。据此，我们可以看到多元智能的协调，知、情、意的均衡，可使人的心理结构平衡、协调、全面地发展，以保证既定目标与理想的实现。

2. 德与智统一

德与智的辩证关系历来是中国思想家和教育家的关注重点。春秋时期，孔子就提出仁智统一的价值观和教育观，主张德行与智慧并重；北宋思想家张载也提倡以德育人：“士必悫而后求智能者焉，不悫而多能，譬之豺狼不可近”；清代哲学家有“知德者智”的说法，都是继承了德智统一的观点。在他们看来，德与智相互影响，缺一不可。有德而无能，则无法将崇高的目标、伟大的理想付诸实践，于社会无益，在极端情况下甚至无法自保，则德形同虚设；有能而无德，则为虎作伥、兴风作浪，反倒对社会有害，这种“才”也不是“大才”。反过来，大德者必有虚怀若谷、兼容并蓄的胸襟，愿意取人之长补己之短，多方学习，时时自省；而大智者必然重视人格的力量，修身者先修其心，因为信念才是智慧的源泉。综上所述，只有德与智统一发展，才能使人达到至高、至和谐的境界。

现代大学的办学理念是培养综合型人才，即德、智、体、美、劳全面发展者，对教师这类对祖国下一代起示范作用的高素质专业人才更是如此要求。音乐作为艺术类学科，具有思想更加自由、开放的特点，因此对于施教者的德行要求也更高。只有美德指导下的音乐教育才有洗涤身心、走向高尚的作用，德行混乱者只会把学生带往混乱、失控、毁灭的境地。音乐是离心灵很近的艺术，所以音乐教师是离学生心灵很近的引导者。将美育用来治愈学生、完善学生，引领他们走向和谐幸福而不是相反的方向，是音乐教师沉甸甸的责任。

3. 博与专互补

博与专的结合也是我国传统教育观的一部分。孔子的“博学于文”和“约之以礼”最先提出求学和授业既要广博，也要有所节制，即博约结合。孟子的“守约而施博者，善道也”是提倡约中见博的境界。王夫之的“约者博之约，而博者约之博”则更好地体现了博和约的辩证关系，即相互制衡又相互补充、相互促进。其中，“约之博”便是在博的基础上进行有针对性的深化，即“专”。对于教学与研究来说，“博”是打下广泛的知识基础，提供一种开阔的视野，是在学术史上纵横呼应和自我定位的前提。“专”是缜密、细致地探索、挖掘，是独特个性和才华的展现。只博不专会使研究流于表面，不能解决具体切实的问题；只专不博则无法拓宽思路，汲取跨学科的灵感，更缺乏从人文科学或整个科学的高度来定位自身和他人的全局眼光。

对音乐教师来说，广博与专精相结合也十分重要。一方面，音乐教师应加强自身的综合文化素养，将音乐学与其他艺术学科、美学、传播学、心理学、历史学、社会学、哲学等人文学科，以及音响学、动力学等物理学科联系起来，提升自身的文化内涵和音乐内涵。另一方面，就音乐本身，对于其形态结构、表达方式、情绪发展的复杂规律也需要深入研究。音乐作为抽象艺术，其乐思含义和投射形象是无法穷尽的。即使是一部作品，和声构成、曲式转换、变奏和反复，每一个细小变化都含有前人和今人尚未参透的奥秘，因此对该作品的既定认识只是很小、很局限的一部分。只有教师对作品有过独立而深刻的思索，在面对学生提出的“意外”观点时才不会粗率地简单否定，而是和学生共同创新、共同进步。

音乐与教育、文化之间有着复杂而密切的关系。音乐反映了个人心理和民族文化心理，是文化的一种组成和表现。教育对文化有着扬弃、传播、批判等作用和责任。由于这多重联系，音乐教育对于教师的文化涵养有很高的要求，他们要意识到自己肩负的这份期待和责任，不断学习中外先进文化，努力拓宽知识面的广度和深度，成为业界认可、学生仰慕、家长信赖的新时代艺术航标。

4. 知与行互动

知行统一的原则是中国教育家一贯强调的原则。在孔子提倡的学习七个环节中，最后的环节便是“笃行”。王守仁有著名的“知行合一”论：“真知即所以为行，不行不足谓之知”，即知与行应相互转换。王夫之则指出知与行的相互作用、相互影响：“知行相资以为用”。无论在学习还是教学中，理论与实践都是密不可分的。理论指导实践，实践验证和完善理论。只理论不实践浮于空谈，只实践不理论又过于蛮干，事倍功半。

理论实践相结合的原则对于音乐教育也适用。音乐本身是形式与实体、理论与实践相统一的产物。音乐教育如果只含有聆听欣赏是片面的，学生只有亲身演绎音乐才能对它是如何产生、如何表达、为何因人而异等拥有更直观的体验。在教师方面，对于创新的教学理论如果不加以应用，则无法对现实教学状况做出改变。同样，音乐教育如果只进行技能类的培训，没有系统性理论知识的支撑，则提升空间有限，最多达到工匠的水平层次，无法在自我反思、独立探索和即兴创作中，达到艺术家的境界。而音乐教师如果盲目地按照传统惯例教授，不更新自己的知识结构、提高自己的文化修养，则对实践中碰到的很多问题都不能有妥善的解决办法，甚至会有误导学生的情况。总体来说，音乐教师要注重知行协调、知行并进的原则，在不断学习中发现实践的缺口，并在不断实践中总结经验，真正使两者相得益彰。

三、符合学生心理特点的评价机制构建

（一）评价主体与学生心理特点的适应性

新课标对于音乐教学评价的要求，从主体的角度是自评、互评与他评相结合。三者各有优势和不足，属于相辅相成的关系，对于形成完整、客观的总体评价不可或缺。在实际应用中不可偏信其中一种，以偏概全，但也需要根据不同年龄段学生的心理特点来调整。

1. 小学生

在小学阶段，教师对于学生的音乐评价起到主导作用。这是因为这一时期学生的意识发育处在懵懂阶段，对自身和他人尚未形成清醒的认识；而同时这又是他们价值观形成和音乐启蒙的关键时期。一方面，学生自己对音乐的认知浅、判断力弱，对教师评价的依赖性较强，所以需要教师不厌其烦地、积极地给予鼓励性评价，逐步引导其建立正确的评价意识、评价范式和学习音乐的初步兴趣和信心。另一方面，小学生具有表演欲强和模仿能力强的特点，这对于他们学习音乐技能很有助益；此外还有好玩好动的特点，这就要求教师在测试时应创设一个趣味性的情境，如童话或游戏情境，让他们在放松而又投入的状态下完成演唱或演奏，以自然的状态发挥最好的水平。这样既给了教师一定的实施余地，同时对其调控力、创新力和亲和力提出了一定要求。

在自我评价方面，小学生尚未建立自我意识，需要妥善引导。自我意识是指儿童意识到自身的特别，与他人、他物相区分，这是通过外界反馈引发的自我评价而实现的。自我评价是促进个体自我完善的动力之一，于

人之一生都无比重要。正确的自我评价建立在自我反思的基础上；然而，小学生较为依赖父母、老师等周围人的评价，容易把他人的评价当作自己对自己的评价，所以需要有效地引导其对自身进行多方面的反思，甚至鼓励其对他人评价中不认可的地方提出质疑。自我评价是养成独立、思辨型人格的基础，一味依赖他人的评价将失去独立自主的判断力，成为儿童今后学习和成长中的隐患。具体来说，引导可以是在每堂音乐课结束前安排一个小测试，让学生对本堂课的学习成果作自我评价，包括是否积极参加了学习活动，是否学到了新的音乐知识，是否获得了新的音乐体验，是否感受到了音乐的乐趣，等等。这种自测题能帮助学生反思对音乐的知识学习和情感态度方面，对于技能水平方面，则可以通过音频和视频的形式记录下学生的歌舞、演奏、表演等。然后让学生通过观看自己的表现来自我比较，也是为了弥补文字性自我评价的局限。自我比较包括两方面：比较自己主观认为的自己和客观呈现出的自己的差异；比较自己与他人水平的差异。后者又包括与同学或其他较高水平的表演的比较。这种直观的比较让小学生较容易反思自己，认识到自身的优点和不足，同时学习他人的优点来完善自己的音乐能力。这两种常规的自我评价模式有助于学生养成良好的自主自评习惯，同时又培养了孩子的自尊和积极竞争意识，这将成为其今后主动学习的一大动机。教师在自评方面的引导，是向学生强调诚实对待自己的重要性，包括没有做到的不谎报，不如他人之处要承认等。从学生角度，自评是希望他们虚心对待学习，看到自身进步的空间；从教师角度，是希望对教学成果有更真实的掌握。但是相对而言，自我评价对学生自身的意义比教师教学的参考性更大。小学时期的自评与其说苛求其准确性，不如说是以建立一个基本的自评概念和意识为主。

此外，在这一阶段，同学互评也是一大要点和难点。这是因为低龄儿童倾向于对自身的一切作无差别肯定，在和同龄人相处或表现时，他们常常认为自己的歌唱得最好、舞跳得最好、演奏得最棒等等，希望得到同龄人的认可和父母的表扬。因此有时可能不愿意承认自己的缺点和同龄人的优点，这份盲目自信的心理特点是学生互评的一大障碍。除了单纯的荣誉感、自尊心，孩子的抗压、抗打击能力也较弱，如何引导孩子正确互评是音乐老师的一大挑战。通常可以尝试组织班级音乐会、班级讨论会、轮替式评委小组这类团体活动，以团体合作的形式促进学生互评。因为团体形式有利于加强学生的责任意识、合作意识和相互信赖感。在班级音乐会或讨论会上，学生通过给出和接受反馈意识到他人对自己的多种不同看法和自身的提升空间，同时明白给出评价和反馈乃是对他人的尊重和关心，这是一种双赢的做法，于是会渐渐打消对于互评的抵触心理。小学阶段的同学互评仍需要教师全程指导，关注可能会引发的矛盾，为互评创造和谐友好的环境，发挥互评应有的作用。

2. **中学生**

随着年龄的增长，学生对教师和监护人评价的依赖性有所下降，但教师评价依然是对中学生音乐学习的重要反馈形式。中学生在心理上属于半幼稚、半成熟时期，虽然对客观世界的认识有所加深，却仍然不足，判断力有限，容易受到学校、家庭等社会因素的影响。就音乐学习而言，中学生在日常生活中易受通俗审美观，甚至不良音乐文化的感染，成为他们健康成长、学习和生活的阻力。因此，教师在引导时需要有意识地将有益音乐与通俗常见的音乐作一对比，告诉学生迷恋不良音乐文化的危害；但同时基于中学生的敏感心理又不可粗暴强硬地予以否定，应当给予其一定的自由选择空间而善加疏导。由此可见，中学音乐课程的教授对音乐老师的文化底蕴、人格厚度和亲和力都有更高的要求。

中学生的自我评价意识比小学生更强，而且具有独立化的特征。这有几方面原因：首先，由于中学生的抽象思维能力提高，所以自我评价从小学阶段的被动肯定或否定现成表述，转向主动地概括和表述。其次，由于生理和心理在飞速发展，他们对新知识、新技能的吸收能力和积极性更强，相应的好胜心和荣誉心也更强。在音乐的学习中，他们会主动将自身与他人的演唱或演奏水平作比较，对自己的不足之处积极改进——虽然这一点通常是暗暗进行，不会明说出来。但是，这说明中学生的自我反思和评价已经达到了自发阶段，这是十分需要肯定和鼓励的。在具体实践中则是采用随堂笔记和课外学习笔记的方式。相比于小学生对自身简单的“是与否”的反馈，中学生要求自主记录下所学重点和疑点，并在期中或期末做一个阶段性总结，从不断的总结中看到自身的成长和进步。随着电视、网络、智能设备等媒体和科技的发展，学生学习和体验音乐的途径更加多样化。在学校课堂之外，他们能从手机、电视上看到丰富、优秀的音乐教学视频和演奏视频，可以从优秀的音乐家、表演家身上学到更多，更好地认识到自身的局限和进步的方向。由于课外学习容易变得散漫、随意，有益的启发也只是一闪而过，这就需要学生把自学的知识点和感悟用笔记记录下来，从无意识的自学转向有意识的自学。有效地利用中学生的心理特性，自我评价有时能起到比他人评价更大的推动作用，成为音乐学习强大的内在动机。

在他人评价方面，中学生由于逆反心理会倾向于排斥父母和教师的评价，但比较在乎同龄人的评价。他们处在自我意识完善的重要阶段，对自身的发展方向存疑，在依从个性和顺应共性之间挣扎，对于父母和师长的硬性评价和教导感到焦虑，因此比较希望长辈们给予自己一定的空间和尊重，对自己的兴趣予以理解和支持。与此同时，他们很喜欢与同龄人交流，希望获得同龄人的正面评价和支持。这一时期正是他们试图寻找志同道合的伙伴，共同探讨和成长的阶段，对于伙伴或对手的看法比对长辈们的看法更重视。针对中学生重视伙伴、疏远家长的心理特征，可以采用公开课或音乐会的形式，让学生、老师和家长一同参与，实现自评与同学互评和家长评价相结合。举办公开课时特别要注意营造轻松愉快的氛围，减轻学生与家长的隔阂和学生在家长注视下的心理负担。由于中学生的荣誉心和羞耻心加强，家长的旁听能激发他们的表现欲，令他们更积极地参加课堂活动，以得到自己和同学、家长的肯定。公开课和音乐会可以邀请家长对学生的表现作评价，包括对总体学生的印象和对自家孩子的详细评价，后者可以用留言的方式记录下来，以便因一时的抵触情绪不愿和父母直面交流的孩子之后有机会看到父母的心意。学生同样需要对公开课作总结和自我评价，谈谈收获和改进。除此之外，音乐老师还应以举办开放式音乐讨论会，让学生和家长就音乐学习上的问题、社会上的流行歌曲或丰富学生的课余活动等展开交流，使学生和家长互相倾听对方的发言，互相的评价能即时性地沟通。为营造融洽的氛围，可以请部分学生和家长共同表演节目或做游戏，拉近中学生和家长的关系，为推动积极有效的互评作铺垫。

（二）评价内容与学生心理特点的适应性

音乐课程标准规定的考察范围包括“对音乐的兴趣与情感反应，参与态度、参与程度、合作意向和协调能力，音乐体验能力、模仿能力、表现能力、创编能力，对音乐相关文化的了解”等。但在实际操作中，需要对不同年龄段学生的能力作不同限度的考察。保证音乐学习的灵活性、阶段性，才能最大化地开发学生的音乐潜力。

1. **小学生**

小学生虽然处在音乐入门阶段，但对于节奏和音高的辨识力很突出。有音乐心理学实验发现，6-10 岁的儿童是音高辨别能力增长的黄金时期，所以应当把对节奏和音高的测验纳入课堂和学期评测中，又由于小学生活泼好动、注意力持续时间短，所以测评的形式应尽可能地丰富多样，以吸引住他们的注意力。例如，可以用一些不同节奏的单旋律人声或器乐乐曲来测试学生的节奏和音高辨别能力；而对于同一种节奏也可采用听辨、动手演绎、举例说明等方法多角度地考察。测试曲段的时长和重复率要合理设置，不宜过长、重复率过高。

另外，唱歌是小学生最喜爱的音乐形式，也是音乐教师最应重视的考察手段之一。平时可以从唱歌入手，培养大多数学生对音乐的兴趣，对他们有意无意哼唱的歌曲都给予关注和鼓励。应当让唱歌成为孩子自然情绪表达的一部分，而不是死板地限定曲目和演唱表情、姿势等，使唱歌测试成为一种负担和折磨。考核过程中，教师也可以创设一种游戏情境，给予鼓励的目光和微笑，避免态度太严肃，令学生紧张得发挥不出正常水平。

无论考察哪种音乐元素或技能，考题的设计、包括平时的训练都需要适应小学生的思维习惯。例如，他们的思维方式是形象思维，所以，音乐老师应采用结构简单、旋律优美、描绘常见自然景观的音乐作品，根据考察点采用图片、音乐、文字找配对或作为提示的方法，有效激发低年级学生对音乐的想象力。虽然他们对问题常常采用“是、不是”“像、不像”来回答，但音乐教育不同于一般性理科学习，没有统一、固定的答案，音乐教师考察的应当是他们作出判断的理由。例如，如果回答“像”，问哪里像；如果回答“不像”，问为什么不像。音乐作为一门发散性思维的学科，无论何时都要鼓励学生去努力表达自己的感受和想法，这种态度有时甚至比唱得好不好听等音乐能力更为重要；因为音乐作为本人的心灵伴侣是与人相伴一生的。当然，音乐体验与音乐知识的掌握是相互铺垫的，新课标音乐教育也要求将基础音乐知识纳入考核范围。但是随着时代发展和多媒体在教育中的普遍应用，音乐教师也应活用各种媒体手段来调动学生对参与测试的积极性。单调死板的传统问答模式与儿童的身心特点相悖，不利于其健康成长，也无法获得准确的学习反馈。例如，考察不同的节拍时，可以用动态和静态的拍点图来模仿，吸引学生踊跃作答。这类生动有趣的知识测试法不但有利于学生调整应试心态，还维护了他们对学习音乐的长远兴趣。

2. **中学生**

中学生处在身心快速发展的阶段，认知水平快速提高，在音乐学习上他们涉猎的音乐作品的广度和深度都有提升。

首先，广度指中学生的探索欲旺盛，兴趣广泛，对新事物接受得快。在音乐学习上表现为不再拘泥于书本和课堂上的音乐，对于网络上接触的或社会上流行的乐曲也很感兴趣，甚至更感兴趣。流行音乐以歌词直白、旋律简单、节奏流畅等特点满足了他们的审美需求，有的和他们观看的影视作品相关，有的甚至和偶像明星文化联系在一起。因此，对这类音乐的喜爱，其实是对其代表的文化或生活形态的喜爱。音乐教师一方面要尊重学生的兴趣，另一方面要解释不良音乐文化的坏处，引导他们形成健全的价值观和审美观。审美具有个体差异，判断一种音乐文化是否“不良”，主要是看它对主体造成了积极影响还是消极影响。消极影响如受它的歌词或消极情绪的影响，整天沉迷于萎靡不振、顾影自怜中；积极影响则反之，令学生的学习和生活充满热情和阳光。针对青少年接触面广的特点，音乐教学和评测的内容可适当拓展到教材之外，囊括有代表性的流行音乐和优秀的乡土音乐。从新课标的要求来看，这样能让音乐教学和评测更贴近生活，让学生意识到音乐世界不是高不可攀的，反而越多人理解和接受越能保持其旺盛的生命力，而且将他们课外感兴趣的内容纳入权威性的教学评价体系，也是对他们兴趣的一种肯定和支持。从这两个意义上说，选用流行音乐作品能提高学生对音乐学习和评测系统的参与积极性。而在课堂和考核中加入乡土音乐，既是对非物质文化遗产的保护和继承，又激发了学生热爱家乡、体味生活的情感。这一块的测验还可以让学生亲自去搜集和学习一段民族音乐，可以是器乐演奏、戏曲唱段或传统舞蹈，让他们在感受民族文化魅力的同时，培养自主学习的能力。

其次，中学生对音乐作品的理解加深。这不仅指他们在青春期阶段情感细腻敏感，想象力丰富，对音乐情感的理解更深入，也指他们对作品所蕴含的人文背景的理解更深入。随着抽象思维的发育和知识面的丰富，他们越发为兼具艺术性和思想性的作品所吸引。他们重视作品的思想性，原因之一是他们已经拥有了基本的音乐辨别和分类能力，开始寻找与自身个性和精神追求相契合的作品，他们希望把“榜样性”的艺术作品作为自己的精神向导和驱动力。青春期是一个个性分化、多元化发展的时期，偏爱流行、摇滚、爵士或古典反映的是不同的心理需求和精神追求。鉴于中学生思想情感丰富的特点，对他们的教学和评估中就要采用多种风格、人文性强的音乐作品。在介绍本民族音乐文化的同时，还要引进世界其他民族优秀的音乐文化，以不同时代、地域和作者的代表性作品为学生整体的音乐鉴赏和审美提供一个制高点，也为他们选择和反思自己喜爱的音乐奠定了基础。由于中学生的音乐欣赏能力愈加成熟，所以，这一阶段的音乐评价需要理论和技能考察并重。

此外，相比于小学生，中学生对音乐的理解已经能将感性和理性思维结合起来，而且实践能力有了一定的基础，又很向往与人合作。从各个层面来说，已经不满足于形式或元素单一的音乐作品，而对综合性作品更感兴趣。综合性作品，如戏曲、音乐剧等包含了他们已接触过的器乐、歌唱、舞蹈、念白等，但有机地综合在一起又产生了比拆分成单一元素更大的魅力，激起了他们的求知欲和表演欲。鉴于这一心理特点和能力水平，教师可以在教学测评系统中纳入合奏或戏剧表演的形式，综合考察学生的歌唱、演奏和即兴表演能力。在此基础上，可以通过班级音乐会的形式，让学生展现个体能力的同时，又培养了团队合作能力，为他们提供互相评价和交流的机会，锻炼舞台表演心理素质的同时，真正增强了音乐实践能力。这与新课标的考察要求所强调的音乐技能和表现能力是一致的。需要注意的是中学生的嗓音处在变声期，容易疲劳，因此要控制唱歌在日常和阶段性评估中的比重。若以演唱为主要评价标准，会令表现欠佳的学生产生自卑心理，而且也不利于他们声带的保养和发育。对此，音乐教师要予以解释、引导他们度过变声期，同时用其他音乐表现形式，如演奏和表演来代替演唱。音乐是以人为本的艺术，教育也是以人为本的事业，一切音乐教育方法都应该以人的发展为目标，根据人的实际状态做出适度调整。

过去的音乐教学曾有过轻视理论知识、忽略技能培养或无视审美情操的问题，如今音乐新课程标准要求知识技能学习与审美情操培养并重。这三者毕竟是相辅相成，也是自然而然的，缺了任一方都无法在音乐学习上有效地进步。由于中学生的求知欲和学习能力比小学生更强，音乐评估中对理论知识的要求也更高。为了考察其基础乐理和音乐史等知识水平，可以有选择地采取测试题、课堂辩论和知识竞赛等方式，尽可能让学生在活跃的氛围中测出水平、赛出风格。

（三）评价语言与学生心理特点的适应性

教师的评价语言会在中小学生心灵中留下深刻影响，积极或消极的评价从长远上都可能改变学生的成长方向。就音乐教育来说，教师的评价语言可能激发或者打击学生学音乐的热情和信心，短至一堂课，长至终生影响学生对参与音乐活动的积极性。因此，教学评价语言是一门需要音乐教师悉心探索的艺术，如何以准确得体收获学生的信赖，以幽默风趣调动学生的兴趣，以细心巧妙滋润学生的心田，这与教师本人的文化素质有关，但也是需要通过丰富的实践来总结的。中小学生随着年龄和身心的成长，形成了不同的心理特点，如果采用一刀切的评价语言，显然不能满足他们的心理需求，也是敷衍塞责的表现。所以，音乐教师应根据不同年龄段、不同性格的学生探索针对性的评价语言。

1. 小学生

小学阶段的孩子具有三大心理特征：以形象思维为主、认知水平有限、注意力持续短。针对这三类特征，音乐教师的评价语言应从形象性、简洁性和丰富性入手。

首先，形象性。低年级学生的思维习惯是对音乐作品进行简单的模仿，他们对抽象艺术或语言的理解需要以具体形象作为参照。例如，当夸赞一位学生唱歌唱得好时，可以说：“你唱得真动听，像一朵朵花在盛开”；夸学生舞跳得好，可以说：“你的身姿真美，像蝴蝶一样翩翩飞舞”。在言语评价的同时，还可以运用肢体语言做出花朵开放或者蝴蝶扇动翅膀的手势，便于他们理解和接受。此外，这种动态的评价符合孩子好动的天性，激发他们想象力的同时，在他们心中留下对美好之物更深刻的印象。

其次，简洁性。小学生处在教育启蒙阶段，知识层次和理解水平比较薄弱，音乐教师的评价语要确保简洁有力，让他们可以理解。然而，简洁不代表笼统或极端，除了好就是差，而是既要呵护孩子脆弱的心灵，又要对学习成果作准确、负责的评价。能力较好的孩子不希望评价表上只有单调的“优秀”二字，渴望老师对其独特的闪光点能具体指出和强调一番，使之为自己骄傲和陶醉得久一些；能力较为欠缺的孩子更不希望被以“差劲”定性，他们不希望被老师忽视和放弃，对此则需要具体指出其可以通过练习提高的方向。

最后，丰富性。这一点主要是对于课堂评价而言，由于小学生是无意识注意占主导，注意力不能持久，因此，重复性、程式化的评语会让他们觉得枯燥、不耐烦，从而降低积极性和教学效果。语言丰富、多样化的评价能够吸引学生关注到自身和同学身上的特别之处，同时能活跃课堂气氛，提升孩子的参与度。其实，小学生虽然理解力有限，但直觉非常敏锐，能感受到老师是在用心地关注他们还是敷衍。他们对于受到老师特别评价的学生会关注和羡慕，希望能争取到老师的注意力，获得同样甚至更大的表扬。因此，课堂评价上需要老师分散表扬和批评，不要显得太偏心谁或太针对谁，避免使受到夸奖的目中无人，受到批评的过于自卑。总而言之，生动形象、简短准确又丰富多变的评价语言能够拉近师生的心灵距离，营造活跃的学习氛围，提升音乐教学的有效性。

2. 中学生

中学生已经开始由形象思维转向抽象思维，在形成个体审美趣味的同时，个性差异也开始分化。针对中学生性格的多样性，音乐教师的评价用语也需要做出调整。对不同性格的学生采用不同风格的语言，才能更好地抵达其心灵。学生的性格是由遗传基因、原生家庭、社会环境和教育熏陶等多种因素共同作用形成的。通常来说，性格本身没有绝对的好坏之分，在合理科学的引导下都是可以开花结果的。人们常见的把学生分为内向敏感型和外向奔放型。首先，这两种性格型不是固定不变的，它们会随着时间和人生境遇的变化向外或向内延伸；其次，内向者在感兴趣的领域也能滔滔不绝，而外向者对不擅长的领域也会沉默寡言；再次，性格其实分表现性格和真实性格，例如有的学生表现得外向大度，但也许是一种自卫型的伪装，内心依旧敏感纤细。这给音乐教育者的启示是，对所有学生都要予以或多或少的肯定评价，对较为内敛拘谨的学生要多用直白的鼓励语加强其自信心，对于热衷于表现者则可以用幽默的鼓励语来维持其放松的心态，同时以增长补短的原则引导其表现热情。无论采用何种风格的用语，都要从学生的实际情况出发，切忌因教师的主观喜好而任意施用。音乐是表达的艺术，音乐无法作伪，从某种角度来说，音乐教师是比其他学科的教师更接近学生真实内心的，所以，音乐教学中的评价和沟通语言需要温和、谨慎、因人而异。

在如今的网络时代，网络文化成为中学生密切接触的一部分，已融入他们的生活。网络丰富了学生们的知识见闻，拓展了他们的课余生活，对他们有着很大的吸引力。很多风靡一时的网络语给中小学生增添欢乐的同时，也成为追逐潮流的青少年文化的一部分。音乐教师在评语中可以借鉴一些积极健康的网络用语，如“你的歌声很给力”“你的回答充满了正能量”“你的表演秒杀了全场观众”等等。这样不仅使音乐贴近生活，拉近师生距离，而且幽默风趣，极大增强了课堂活力，调动了中学生的参与积极性。但需要注意的是，无论是在日常教学还是评语中，网络流行语不宜多用。因为超过一个合理的度，会给人产生教师不够专业、评价过于随意、夸张或俗套等印象，也会给学生造成流行文化都是好文化的误解。

除了思维和认知水平，中学生相比于小学生，自尊心、荣誉感和羞耻感更强烈。他们的独立意识明显增强，对他人尤其是师长的评价持怀疑甚至否定态度，希望他们尊重自己的人格和兴趣爱好，不要过分干涉或说教。中学阶段是他们人格成型和兴趣确立的关键时期，他们非常希望从别人那儿获得肯定和信心，因此，音乐教师对中学生的评价语言需要以尊重和理解为出发点。对于音乐感受和音乐表现的评测和评语中，需要明白音乐作为艺术类学科，不像部分文理科一样有固定答案或统一标准。例如，同一首乐曲在不同学生的心理上产生的影响是截然不同的，学生给出的感悟反馈自然也不同。音乐作为情感的探索，是没有边界、没有止境的，知识、技术有高低之分，而在感受和表达方面，教师不应将思维定式的音乐情绪或表达套用在每个学生身上，或以自己对作品的主观感受为衡量他们感受的标准。有时学生给出的回答可能乍一听令人意外，但仔细问出原因会发现很有道理，因为音乐是多面的，从各人的角度看到的是不同的世界。所以，学生给出的新角度有时反而能给教师启发，让教师感受到和学生相互学习、共同进步。学生兴趣的多元化、音乐体会的多元化对教师的审评也提出了更高的要求，在这些方面上，教师的评价不再是“对不对”，而是“表达够不够清晰，表现够不够丰满”。音乐教育，或者说整体的审美教育，其根本目的不是把学生培养成某一类人，而是希望他们在适合自己的方向上能尽情绽放，所以，知识技能的教学是次要的，主要的是帮助他们认识自我、探索内心，为他们今后独立而深入地发展自我打下基础。

此外，与小学生相比，中学生的音乐知识水平、理解能力和语言表达能力有所提高，所以对他们的评价语言不能再像对小学生那么简洁。当然，由于对中学生考察的方面更多，加上中学生的个性差异明显，需要根据具体个性做出具体引导，这些也决定了对中学生的评语会更加深入、准确。总体来说，中学生的辨别力和判断力还未成熟，音乐教师的评价语言对其仍具有相当的导向性，所以，每一位教育工作者都要把评价语言当成一门学问来研究，通过提高自身的语言和文化修养，来更好地把握评语各个方面的度，确保符合学生的实际情况，对其音乐能力发展有很好的参考意义。

四、对新课标下音乐教学评价的新解读

（一）对评价内容的新解读

2011 版音乐新课标对旧有教学评价体系作了删改，让评测工作有了更大的操作空间。它总体上体现出对学生音乐评价的重视和优化。之前关于中小学音乐教育评价系统的调查发现，现行的评价内容有相当的局限性，也没有满足新课标的很多教学要求。现有评价做法仍以唱会歌曲或知识问答测验为主，并没有体现出学生整体音乐素质的养成。具体来说有三方面的问题。

第一个问题是没有考察到学生的审美能力。音乐和其他艺术一样，以审美为基础，所以，音乐教育应当以审美教育为核心。审美体验是指学生对音乐作品的情感反应和理解，包括对作品艺术性和人文性的理解，记录学生的课堂表现。这就要求在评估系统中加入音乐欣赏的内容，对于中学生的评估更要注重考察人文性的作品。

第二个问题是对音乐实践能力的忽视。音乐实践能力包括演唱、演奏、舞蹈、表演等多种能力，歌唱只是最简单、基础的一种。音乐综合了人声、器乐、体态等多种形式，尝试多种音乐技能才算对音乐有完善的体

验。其中，新课标改版特别提出要在中小学音乐教学评测体系中加入戏剧表演的内容。戏剧是综合性最强的音乐形式，能体现音乐表现、体态把握、情感演绎、人物塑造等多方面的综合能力。

第三个问题是问答测验作为考察音乐知识的局限性。任何一门学科的知识点都不是学习的终极目标，而是解决问题的手段，比如文史哲学科知识的学习，是为立观点、做文章做铺垫。同样，音乐知识点的学习也不是毫无目的地机械积累，是为理解、演绎和创编作品做铺垫。基于此，除了基础知识问答，还须考察中学生对一部作品或选段的综合理解能力，如联系作者背景和音乐风格来谈谈，可以采用话语或文字描述方式；上面提到的戏剧表演也是对文化素养、台词功底和即兴演绎能力的有效考察手段。

总的来说，新版音乐教学评价要求评价内容多元化，弥补原有体系中忽视审美体验和实践能力的问题，关注学生整体素质的发展情况。对于教学工作者来说，平衡好知识技能与审美情操的培养，保持学生音乐兴趣的同时提高其实际的素养，是音乐教学的重点。难点则是如何在有限的课时中纳入这诸多元素的学习，如何拣取有代表性的演唱、器乐和戏剧作品来教授，以确保教学成果。这也是音乐教师们需要研究、探讨的问题。

（二）对评价方式方法的新解读

在教学评价方式上，也要改变过去单一的音乐知识测验和技能走台，形成多元化的考核评价办法。从阶段上分为形成性评价和终结性评价两块，从表现形式上又分为定量评价和定性评价。

传统评价办法中大多只采用终结性评价，而忽视形成性评价。终结性评价即期中、期末的考试考核，形成性评价即学生成长过程的记录。对于后者，新课标要求采用音乐成长记录册的形式来记录学生的日常成长，通过日记式的点滴记录，让学生直观地看到自己改变、进步、完善自我的过程。但成长记录册由于费时费力、保存整理麻烦等问题，被大多数中小学弃而不用，从而忽视了日常评价对于学生成长的意义。但新课标建议使用成长记录册的目的是希望教师重视形成性评价，而只要是能成为形成性评价的有效手段都可以利用，未必要使用成长记录册。例如随堂笔记或音频视频等，只要能记录下学生平时学习和活动的表现，成为其成长的缩影即可。对音乐新课标意见和建议的解读需要透过表象看到本质目的。

定量评价和定性评价中，传统上偏重于定量评价。定量评价包括知识的掌握程度、演唱和演奏曲目的数量等，比较客观、容易把握；定性评价是指对学生的学习兴趣、参与度、对音乐作品的反应和表现等予以文字评述，比较详细、深入，更能反映学生的个体特征。新课标要求将定量评价和定性评价相结合，发挥二者各自的优势。同时，在终结性考核时，考虑到学生因紧张等原因不能一次性发挥出真实水平，可以给予他们重新表现的机会，如两次测试中取较好一次的成绩。而教师对其表现不能简单用优劣来定论，要看到学生的成长和进步，给出建设性和发展性的评价。此外，终结性评价可以用班级音乐会的形式来组织，在趣味、热闹的氛围中，展现学生音乐实践能力的同时，也磨炼了其舞台素质和相互协作的精神。

第五节　基于学科核心素养的音乐教学评价策略

过去的《音乐学习大纲》主要要求对基础知识和技能的学习和评测，如音乐常识和唱歌能力。评价内容单一，而且只采用定量评价，只看考试的成绩，局限性很大。新颁布的《音乐课程标准》扩展了评价领域（分为感受与鉴赏、表现、创造和音乐文化四大块）和方式，而且分学段、分年级制定了不同的教学目标，适应性更强。在原有的知识和技能指标上，新增了对情感态度和价值观，以及学习过程和方法的有效性的考察。在技能方面，又新增了鉴赏能力、模仿能力、表现能力、创编能力、协作能力、评价能力等多维能力的评估。评价方式上更加丰富多样、富有弹性，评价导向上注重积极鼓励、有效引导。教师需要努力研究、贯彻新课标的文件精神，因时、因地、因人制宜地运用到教学和评估实践中。现从新评价机制的多元化、鼓励化、分层化三大特点来一一说明。

一、建立多元化评价机制

美国心理学家霍华德·加德纳曾提出多元智能论，认为人的智能分为九种，分别是“言语—语言智能、逻辑—数理智能、视觉—空间智能、音乐—节奏智能、身体—运动智能、交往—交流智能、自知—自省智能、自然观察智能和存在智能”。这九个维度的智能在每个人身上长短不一、组合不一，由此决定了每个人不同的智慧表现。这对于当代中小学生音乐教育的启示是，需要多角度、多层次地培养他们的综合艺术素质，因为他们各维度的智能是相互促进而又相互制约的。只有整体化地发展，才能打破各个维度的发展瓶颈。建立多元化的教学评价机制，具体可分为评价主体多元化、评价内容多元化和评价方法多元化三个方面。

（一）评价主体的多元化

上文在阐述评价机制需要与不同阶段学生的心理特点相适应时，已经谈到教学评价不宜继续采取教师单方面评价的策略，把学生放在一味被动的地位。新课标下的多元化评价体系主张“自评、互评与他评相结合”，即学生的自我评价与同学互评相对照，学校评价、家长评价和社会评价相结合。通过拓宽评价渠道，加强评价主体之间的互动，改变了单向刺激、被动接受的形势，提高了学生参与评价、收集评价的积极性，也提高了评价整体的客观性和全面性。下文将重点介绍学生自评、同学互评和家长评价的应用方式。

1. 学生自评

关于自评的重要意义，前面讲过，不再赘述。就形式而言，对于中小学生都鼓励采用描述性评价，而非规范性评价。规范性评价即凡事以好或不好简单地盖棺定论，比较程式化，不利于孩子主动反思学习过程；描述性评价则采用开放式提问，如：你觉得自己唱得怎么样？今天学到了什么？使学生主动回顾收获，看到优点和不足，加强他们的主动意识，对音乐学习负起责任来。此外，时间允许的话可以让学生填写自我评测表，让其从学习态度、音乐感受、获得能力等多个方面具体反思自我，给出描述性评价，更明确地认识到长处和短处；时间不足的话至少要写两三行的音乐日记，这对于孩子养成自我总结、自我教育、自我负责的良好习惯有着长远影响。

2. **同学互评**

同学互评的形式也很多样，可以是让一个学生上台表演，之后其他学生志愿发表意见和看法；也可以把学生分成二人或三人小组，一人演唱或演奏，其他人评价，然后角色互换。前一种学生的表现和评论机会有限，后一种则能让所有人都有表达和交流的机会。同学互评可以是老师指定分组，也可以学生主动找要好的伙伴或钦佩的优秀学生来指点、评价自己，这样既能发挥榜样的带头作用，也能加强同学之间的团结友爱和班集体的凝聚力。需要注意的是，由于低年级学生注重感性、认知有限、责任意识较弱，给出的互评可能会偏颇失当，所以最好有教师在一旁引导。

3. **家长评价**

传统的评价体系中，学校评价为核心，缺少家庭反馈的环节。新型评价机制中鼓励家长对孩子进行评价，配合教师的教学工作，尤其是补充学校对孩子忽视的地方。例如，日常可以采取家庭汇报表的形式，让家长记录孩子课后的音乐活动和成长；另外，在班级音乐会等公开性的活动中，也能邀请家长对自家和其他孩子的表现给予评价。

（二）评价内容的多元化

新音乐课程标准中涵盖的评价内容很广泛，可以分为以下三类：

1. **态度与价值观**

态度与价值观是对音乐学科的总体情感取向，它直接决定了学习的主动性和效率。态度包括对音乐学习的兴趣、积极性、认真度、责任感、共情程度和内心的丰富程度；价值观则看个人价值与自然价值、社会价值是否统一，如何协调。音乐教育的总体目标是“以美育人、以情感人”，以音乐真、善、美的理想世界来吸引、熏陶学生，使之与作品、与艺术、与他人产生共鸣，激发其对音乐的热爱和对美好生活的向往，为音乐成为其终身的良师益友打下基础。积极的审美态度和价值观的建立是中小学音乐教育的基础目标，让学生在进行音乐实践之前先对它有一个良好印象，在实际操作中加强对它的兴趣，并在获得实操能力后对它有更深的认同感。由于态度和价值观较为抽象和主观，光靠教师难以准确把握每一位学生的态度和价值观，容易出现教师认知和学生自我认知有偏差的情况。因此，对于这一块，在教学评测中宜采用自评、互评与他评相结合的方式。

2. 知识与技能

新课标规定的音乐知识与技能包含鉴赏力、表现力、创造力和音乐文化四个方面。具体来说，知识分为乐理、音乐史及其他音乐文化知识；乐理又包括基本音乐要素、常见音乐体裁和结构等，音乐史包括中西方音乐流派的发展历史、代表人物和作品，其他音乐文化则是跨媒体、跨领域的音乐衍生类文化。而技能需要考察识谱、视唱、听辨等基础能力，吐字、发声、共鸣等歌唱技术，部分器乐的演奏技术，还有将这些综合起来的整体实践和创造能力，如歌曲创编、音乐剧表演等。

音乐知识与技能是新版音乐教学体系中最核心，也是操作性最强、反馈性最直观的一块。它是所有音乐学习的基础，通过理论与实践相结合，全方位地培养学生的音乐综合能力。需要注意的是，通识音乐教育不同于专业音乐教育，应该从低年龄段学生的实际认知能力出发，适应其情感需要，难度要适中。由于涵盖面广，而课时、教学空间和学习主体水平有限，这就需要中小学音乐教师发挥辨别力和创造力，一方面选择最有代表性的知识材料，较容易着手的乐器、曲目等，另一方面避免单纯的知识、技能考核，而要看学生是否能将知识应用到乐曲理解和表现中，将技能作为情感的载体和创作的工具等。知识与技能始终是一种中间性的手段，不能和学生对音乐的情感态度相割裂而机械地存在。我们的评测内容也在无形中影响着学生对音乐知识和技能的态度，令他们树立更加能动化、弹性化和人性化的知识技能观。

3. 过程与方法

新课标音乐评价要求重视过程和方法，这一点贯穿所有考察项目。因为中小学阶段是孩子养成习惯和兴趣的关键时期，而良好的习惯会令他们受益一生，浓厚的兴趣也可能成为他们一生的追求或慰藉。

学习过程比结果更重要，有两点原因。其一，通识性音乐教育不以把孩子培养成音乐特长生为目标，而是丰富他们的情感和审美体验，解放他们的想象力，让他们更真诚地认识自身和普遍意义上的人。其二，由于学习主体的水平和心理素质差异，评测结果或许有不尽如人意的情况，但是学习过程是每一个参与者，包括学生和教师，都能享受的。而过程中的享受，那种精神满足感和激励感，是他们对音乐形成长期兴趣的基点。况且结果是暂时的、阶段性的、可以改善的，过程的积累是长远的，是量变达到质变的唯一通道。因此，秉承“授人以渔”的观念，新型课程评价更关注学生学习过程、发展过程的评价，同时要求教师根据他们的发展动向及时采取有效的反馈和调整措施。

方法比蛮干更重要。新型评价机制要求师生结合“体验、模仿、探究、合作以及综合性的学习方式”，把评价融入每一个环节，尽可能细致、体贴地获得学生真实的学习状况。这样才能让学生不再对评测系统有畏惧感，而是抱有信心和勇气。中小学生具有年龄段上的心理差异，不同学生也具有个性上的差异，所以，教师需针对不同年龄段、不同水平层次、不同性格的学生及时调整评价方法，真正做到一个不落、个个进步。

综合评价内容的上述三大特点，在实际操作中可以汇编成一张“中小学生音乐课程学习评价表”（如表 5-5-1 所示)，来筛查各个项目是否达到了要求。其中，过程与方法的注重已经融入各个环节，不再另作一栏。评价等级分级可以根据实际情况调整，评价人则可以根据不同评价人的评价相互对照，从各个角度力求对学生学习状况做出全面、公正、科学的评价。

表 5-5-1　中小学生音乐课程学习评价表

评价项目		评价内容	评价记录			评价人（教师/学生）
			优秀	良好	一般	
态度与价值观		1. 能够积极参加课堂学习和各种音乐活动。				
		2. 愿意感受、体验、表现和创造音乐，对音乐有浓厚的兴趣。				
		3. 愿意用音乐的形式来与他人沟通、交流情感。				
		4. 能够积极对自身和同学的音乐表现做出有益评价，并及时反思。				
知识与技能	鉴赏力	1. 能够分辨节拍、节奏、力度、音色、旋律、和声等音乐要素，并了解其作用。				
		2. 能够感知音乐的情感变化，并通过语言、肢体语言等形式表述出来。				
		3. 能够听辨出作品的名称和主题，对应的体裁和形式特征等。				
		4. 了解古今中外主要音乐流派的风格特点及代表人物。				

续表

评价项目		评价内容	评价记录			评价人（教师/学生）
			优秀	良好	一般	
知识与技能	表现力	1. 能够清唱，或跟随钢琴或录音伴奏视唱乐谱。				
		2. 能够对乐曲的情感或风格作出反应，对指挥的表情、动作、起止式等作出正确响应。				
		3. 能够演奏至少一种乐器，演奏时表现出乐曲和自身的感情，同时对自己和他人的演奏作出合理评价。				
		4. 能够参与合唱、合奏、戏剧等综合性艺术表演形式。				
	创造力	1. 能够运用人声、乐器或其他材料工具表现一定的情景氛围。				
		2. 能够对已知歌曲、乐曲等进行续写、续编，延续或改变原有的情绪基调。				
		3. 能够独立创作或与他人合作出 8 小节的短曲，并尝试使用电脑软件编曲。				

续表

评价项目		评价内容	评价记录			评价人（教师/学生）
			优秀	良好	一般	
知识与技能	音乐文化	1. 关注生活中接触到的音乐，能自主阐述音乐对日常生活的意义和作用。				
		2. 能够综合运用所学的音乐知识和技能，对学校文艺活动进行创意设计。				
		3. 结合其他文化学科，加深对音乐作品的内涵、作者和历史背景，及相关风土人情的理解，养成课内外自主拓展音乐学习的习惯。				

（三）评价方式的多元化

新型音乐教学评价方式摒弃了传统的单一考试法，改为多角度、多层次的综合性评价，力求全方位反映学生水平。它要求定量评测与定性评述相结合，形成性评价与终结性评价相结合，自评、互评与他评相结合。具体操作上，在笔试测验之外，加入成长记录册、录音录像、音乐会演、家庭汇报等多种形式。

二、坚持鼓励性评价

诸多关于教育的心理学研究都表明，教师的肯定评价对学生的学习行为和成效有极大的促进作用。在音乐学科中也是如此，或者说，更甚之。因为音乐是一门注重主观感悟和表达的学科，而自我意识尚未稳定的中小学生要将主观意识合理地外化出来，少不了音乐教师持之以恒的鼓励和支持。从共性上来说，课堂上和测试中的适度鼓励能提高学生的信心，加强他们的参与积极性，活跃课堂和测验气氛，激发他们的学习兴趣和表现潜力。从个性上来说，中小学，尤其中学阶段是孩子个性的发展时期，对待不同个性的学生要持开放、包容、因材引导的态度，不能一味阻碍和抹杀他们个性化的审美情趣。教育家陶行知先生有句著名的告诫："你的教鞭里有瓦特，你的冷眼里有牛顿，你的讥笑中有爱迪生。"所以，尊重他们对音乐的理解和偏好，尊重他们的个性和活力，也是尊重他们的未来。

鼓励性评价包含两方面：对态度的评价和对效果的评价。一方面，教师要关注学生的学习态度是否端正、积极。对态度认真者予以表扬，为其他学生树立榜样；对态度不认真者及时沟通，了解其消极对待的原因，解除困惑。当然，音乐是放松身心、愉悦精神的艺术，不像一般的文化学科对学生的坐姿等有严格要求，看学生积极与否主要看其眼神是否跟着课堂和活动走。此外，在音乐技能的训练中，学生是否熟练掌握也是衡量其态度的一个标准。演唱或演奏虽然乐感和技巧上各有出入，但对曲子的整体把握的熟练度是由态度上是否重视决定的，例如一首歌有的学生虽然唱跑调，但是唱得自信、流畅、一气呵成，表明是有练习过的。另一方面，音乐教师对学生学习效果的鼓励更为重要。学生水平有高低，鼓励语言自然要因人而异，具体而微。但是，对所有学生都应以阶段性和发展性的眼光看待，虽然他们的音乐能力或许处在不同的阶段，但应该分别肯定他们上一阶段的努力，鼓励他们向下一阶段迈进。这样，每个孩子都能感受到成功的快乐和进步的方向，能够循序渐进、心态良好地在自己的轨道上发展。

三、树立层级式、多次评价标准

本着打造民主、和谐的评价氛围，淡化学生考试心理紧张的目的，新型评价标准将原来的百分制改为等级加评语。其中，取消了"不合格"等级，改用"优秀、良好、一般、有进步"等形式。

首先，在音乐教学评价中，我们要根据学生本身的水平层次，来对本次学习成果做出评价。学生中有的更擅长唱歌，有的更擅长跳舞，有的喜欢多项，有的一项也不喜欢。那么，原本层次较高的学生，要从高一级的层次入手，肯定其成果的同时，勉励其去达到更高的要求；原本能力欠缺的学生，则放低层次对待，看到其进步和发展空间，在其能力范围内的努力也要给予鼓励，以激发其学习兴趣和动力为主要目的。不过，无论评为哪一级别，都要给予具体方面的依据。例如，竖笛演奏的评价分为手型、指法、旋律三方面，无论“优秀”还是“一般”都要指出这三方面分别做得如何。只有定位明确、条理分明，才能让评语更有说服力和指导意义。

其次，采用多次评价取最优的模式。当学生评测成绩不理想，考虑到客观因素和心理紧张等，可以给予多次测试的机会，取最佳成绩，缓解学生对应试的焦虑。这也对应了新课标评价注重过程大于结果的宗旨，让学生明白音乐学习重在过程的享受和努力，结果是副产品，是水到渠成的收获。总的来说，只有善待差异、尊重个性，呵护每个学生的自信，才能实现他们最佳的音乐学习效果，对于他们自身整体的健康发展也才最有利。

参考文献

[1] [德] 黑格尔．美学（第三卷，上册）[M]．北京：商务印书馆，1979.

[2] [美] 艾伦·科普兰．怎样欣赏音乐 [M]．北京：人民音乐出版社，1984.

[3] [美] 克雷·格莱特．聆听音乐 [M]．余志刚，李秀军译．北京：三联书店，2012.

[4] [美] 梅里亚姆. 音乐人类学 [M]. 北京：人民音乐出版社，2010.

[5] [美] 乔治·桑塔耶纳. 美感 [M]. 北京：中国社会科学出版社，1985.

[6] [美] 约翰·赛尔. 心、脑与科学 [M]. 上海：上海译文出版社，2006.

[7] 曹理，何工．音乐学科教育学 [M]．北京：首都师范大学出版社，2000.

[8] 曹理．普通学校音乐教育学 [M]．上海：上海教育出版社，1993.

[9] 陈泓茹．中学音乐新课程教学法 [M]．长春：东北师范大学出版社，2005.

[10] 管建华．后现代音乐教育学 [M]．西安：陕西师范大学出版社，2006.

[11] 郭声健．音乐教育论 [M]．长沙：湖南文艺出版社，2004.

[12] 国家教委体育卫生与艺术教育司．学校艺术教育工作文件汇编 [M]．北京：人民音乐出版社，1996.

[13] 教育部基础教育司音乐课程标准研制组．音乐课程标准解读

［M］. 北京：北京师范大学出版社，2002.

［14］［匈］李斯特. 李斯特论柏辽兹与舒曼［M］. 北京：人民音乐出版社，1979.

［15］李泽厚. 美的历程［M］. 北京：三联书店，2009.

［16］林华. 音乐审美心理学教程［M］. 上海：上海音乐学院出版社，2005.

［17］龙亚君. 音乐新课程教学论［M］. 长沙：湖南人民出版社，2007.

［18］罗小平，黄虹. 最新音乐心理学荟萃［M］. 北京：中国文联出版社，1995.

［19］马东风. 音乐教育史研究［M］. 北京：京华出版社，2001.

［20］彭吉象. 艺术学概论［M］北京：北京大学出版社，1994.

［21］滕守尧. 审美心理描述［M］. 北京：中国社会科学出版社，1985.

［22］王安国. 从实践到决策——我国学校音乐教育的改革与发展［M］. 花城出版社，2011.

［23］王耀华. 乐韵寻踪［M］. 上海：上海音乐学院出版社，2007.

［24］吴文漪. 音乐教学新视角［M］. 北京：人民教育出版社，2007.

［25］修海林. 中国古代音乐美学［M］. 福州：福建教育出版社，2004.

［26］叶纯之，蒋一民. 音乐美学导论［M］. 北京：北京大学出版社，1988.

［27］叶朗. 中国美学史大纲［M］. 上海：上海人民出版社，2007.

［28］俞人豪. 音乐学概论［M］. 人民音乐出版社，1997.

［29］袁善琦. 音乐教育的基础理论与教学实践［M］. 武汉：华中师范大学出版社. 2001.

［30］赵宋光. 音乐美［M］. 武汉：湖北教育出版社，1996.

［31］郑茂平. 音乐教育心理学［M］. 北京：北京大学出版社，2011.

[32] 周世斌. 音乐教育与心理研究方法 [M]. 上海：上海音乐出版社，2005.

[33] 朱光潜. 文艺心理学 [M]. 合肥：安徽教育出版社，1997.

[34] 朱小蔓. 情感教育论纲 [M]. 南京：南京出版社，1993.

[35] Gardner H. Five Minds for the Future [M]. Boston: Harvard Business School Press, 2006.